传承文明　服务社会

——全国图书馆文献缩微工作成果展图录

全国图书馆文献缩微复制中心　编

国家图书馆出版社

图书在版编目（CIP）数据

传承文明　服务社会：全国图书馆文献缩微工作成果展图录 / 全国图书馆文献缩微复制中心编.—北京：国家图书馆出版社，2014.11

ISBN 978-7-5013-5495-5

Ⅰ.①传…　Ⅱ.①全…　Ⅲ.①图书馆—缩微工作—图录　Ⅳ.①Z839.3

中国版本图书馆CIP数据核字（2014）第258160号

书　　名　**传承文明　服务社会**
　　　　　全国图书馆文献缩微工作成果展图录

编　　者　全国图书馆文献缩微复制中心　编
责任编辑　耿素丽
装帧设计　九雅工作室

出　　版　国家图书馆出版社（100034　北京市西城区文津街7号）
　　　　　（原书目文献出版社　北京图书馆出版社）
发　　行　（010）66114536　66126153　66151313　66175620
　　　　　66121706（传真），66126156（门市部）
E-mail　cbs@nlc.gov.cn（邮购）
Website　www.nlcpress.com→投稿中心
经　　销　新华书店
印　　刷　北京信彩瑞禾印刷厂
开　　本　889 x 1194毫米　1/16
印　　张　11.5
版　　次　2014年11月第1版　2014年11月第1次印刷

书　　号　ISBN 978-7-5013-5495-5
定　　价　330.00元

编纂委员会

主　　编：韩永进

副 主 编：魏大威　李虹霖

执行主编：李晓明　林世田

编　　委（按姓氏笔画排列）：

马玉峰　王致翔　刘仲瑄　张　阳

李　进　李　健　李晓明　李菲菲

杨晓微　林世田　赵　婷　常慧慧

目 录

前 言······ 1

序 篇······ 9

奠基篇······21

缩微复制 大有可为······22
决策部署 事业初奠······29
立足全国 统一协调······36
成员合作 众志成城······48

成就篇······93

文献抢救 硕果累累······94
集智聚力 规模空前······101
馆藏补缺 成就斐然······106
统一标准 推动科研······111
资源开发 拓展利用······114
开拓进取 务实创新······119

创新篇…………………………………………………… 127
　与时俱进　自主研发……………………………………… 128
　技术融合　引领发展……………………………………… 140
　优化存藏　服务利用……………………………………… 150
　扩大影响　拓展合作……………………………………… 160
　着眼未来　培养人才……………………………………… 162
　机制创新　共建共享……………………………………… 168

前 言

中华文明，源远流长；中华典籍，浩如烟海。自汉代以降，纸张逐渐成为人们记录与传播文明的主要载体，在带给使用者极大便利的同时，也带来了一道越来越迫切需要解决的难题：如何让祖国珍贵的文化遗产，超越其纸质载体的存在年限，永久地传承下去。

1981年，中共中央发出（81）37号文件《关于整理我国古籍的指示》，指出："整理古籍，把我国宝贵的文化遗产继承下来，是一项十分重要的、关系到子孙后代的工作經。"1982年，任继愈先生上书中央领导，建议采用缩微技术抢救珍贵历史文献，得到了各级领导的大力支持，文化部于1985年成立了全国图书馆文献缩微复制中心，从此拉开了在全国图书馆范围内利用缩微技术对文献进行再生性保护的序幕。30年来，缩微工作者兢兢业业，寄甘苦在镜头前，注心血于胶片内，成功抢救珍贵文献近15万种，并大力开发、拓展多项衍生业务，为保护中国的文化遗产做出了不可磨灭的贡献。

为了促进中国文献缩微事业的发展，展现缩微战线取得的累累硕果，让社会各界进一步了解并支持这一大有可为的事业，我们特举办"传承文明　服务社会——全国图书馆文献缩微工作成果展"，谨以此向中华文化遗产的保护者们致敬。

全国图书馆文献缩微复制中心成员馆分布图

排序以全国文献缩微复制中心单位代码为准

全国图书馆文献缩微复制中心成员馆分布图

全国图书馆文献缩微复制中心资料馆

陕西省图书馆	北碚图书馆
云南省图书馆	吉林市图书馆
河北省图书馆	长春图书馆
内蒙古图书馆	广西壮族自治区桂林图书馆
宁夏图书馆	无锡市图书馆
青海省图书馆	厦门图书馆
大连图书馆	烟台图书馆
沈阳市图书馆	深圳图书馆
武汉图书馆	哈尔滨市图书馆
青岛市图书馆	新疆维吾尔族自治区图书馆

排序不分先后

各组织机构历任主要负责人名录

全国图书馆文献缩微复制中心历届主任、副主任名单

主任（任期）	副主任（任期）
李 竞（1985—1994）	裴兆云（1985—1995）
李 健（1994—2010）	李 健（1992—1994）
曹 宁（2011—2013）	郑沛然（1994—1999）
李晓明（2014—现在）	张文增（2000—2004）
	王青云（2004—2010）
	张 彦（2010）
	张 阳（2011—现在）
	王 浩（2014—现在）

中国文献影像技术协会历届理事长、副理事长名单

1994年6月，中国缩微摄影技术协会在北京成立。

2006年8月，中国缩微摄影技术协会正式更名为中国文献影像技术协会。

理事长（任期）	副理事长（任期）
任继愈（名誉理事长，1994—2009）	孙承鉴（1994—1999）
杜 克（1994—1999）	徐义全（1994—1999）
孙承鉴（1999—2008）	龚金德（1994—1999）
孙承鉴（名誉理事长，2008—现在）	葛葆森（1994—1999）
张雅芳（2008—2012）	刘元奎（1994—2008）
魏大威（2010—现在）	林德辉（1994—1999）
	许士平（1999—2004）
	张荫松（1999—2008）
	赵中新（2004—2012）
	李恩学（2004—2012）
	董建伟（2008—现在）
	徐建华（2008—现在）
	马淑桂（2012—现在）
	陈林荣（2012—现在）
	杨成斌（2012—现在）

全国文献影像技术标准化技术委员会历届主任委员、副主任委员名单

1980年3月，“文标会”缩微摄影技术标准化分委员会（一分会）在京成立。

1987年6月，全国缩微摄影技术标准化技术委员会（简称“全国缩标委”）在北京正式成立。

1999年4月，“全国缩标委”正式更名为“全国文献影像技术标准化技术委员会”（简称“全国文影标”）。

主任委员（任期）	副主任委员（任期）
葛葆森（1980—1987）	张　杰（1980—1987）
谭祥金（1987—1993）	王德明（1980—1987）
孙承鉴（1993—2000）	王　熹（1987—1993）
张彦博（2000—2001）	徐义全（1987—1999）
陈　力（2001—2002）	何公起（1987—1993）
张晓星（2002—2004）	关家麟（1993—1999）
张雅芳（2004—2009）	宫向东（1993—1999）
魏大威（2009—现在）	张荫松（1993—2003）
	许士平（1999—2003）
	李恩学（1999—现在）
	陶　锦（1999—2003）
	赵中新（2004—现在）
	董建伟（2004—现在）

30年来，

全国图书馆文献缩微复制中

财政投入总额

1983－2014的财政投入总额（每年的缩微专项）约1.0865亿

1983-1984年	约500万
1985-1999年	4065万
2000-2011	4200万
2012年	500万
2013年	800万
2014年	800万

在已
70%的原
服务，而
读者到馆
一。以国
献虽然只
8.2%，
15.47%。
馆藏中的

已抢救文献胶片共计长度约为**3534公里**，已超过**北京到曼谷**的

缩微中心成果图

共拍摄文献149,860种，67,551,674拍。

献中，至少有
是供一般阅览
阅读已经成为
的重要方式之
为例，缩微文
业馆藏总量的
务率却高达
已成为研究型
。

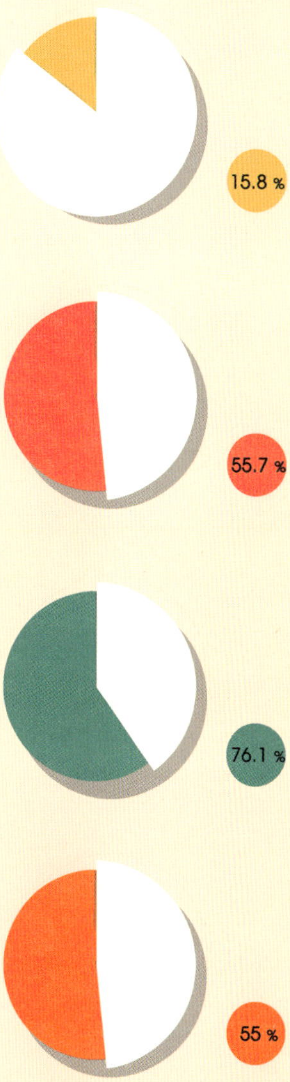

古 籍

抢救：31759种

总量：约20万种

报 纸

抢救：4378种

总量：7800种

期 刊

抢救：15230种

总量：约2万种

民国图书

抢救：98493种

总量：约18万种

序　篇

1982年7月，著名学者、时任中国社会科学院世界宗教研究所所长的任继愈先生到山东曲阜查阅孔府档案，发现其毁损情况严重，保存状况堪忧，即以学者的责任、哲人的卓识，致信时任中共中央书记处书记胡乔木同志，建议采用缩微技术对珍贵的历史文献资料进行抢救。当月，胡乔木同志对任先生的建议给予批示，并指示相关部委从速办理，从此拉开新中国以缩微技术进行文献保护的序幕。

任继愈

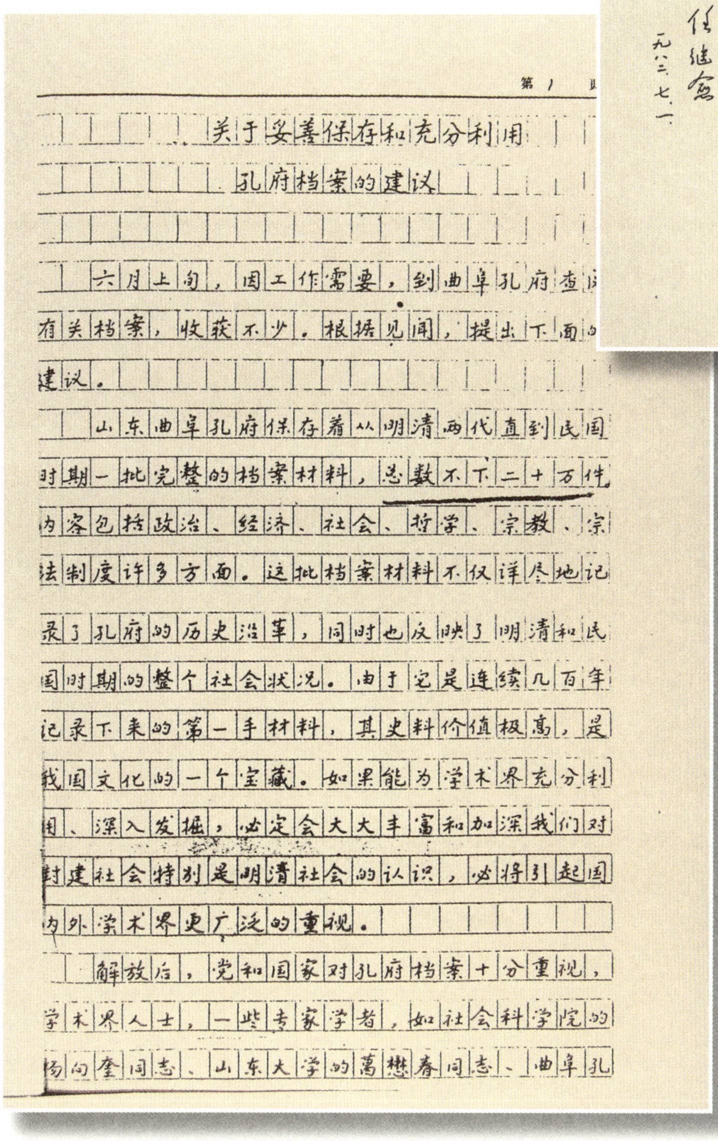

第1页

关于妥善保存和充分利用
孔府档案的建议

六月上旬，因工作需要，到曲阜孔府查阅有关档案，收获不少。根据见闻，提出下面的建议。

山东曲阜孔府保存着从明清两代直到民国时期一批完整的档案材料，总数不下二十万件，内容包括政治、经济、社会、哲学、宗教、宗法制度许多方面。这批档案材料不仅详尽地记录了孔府的历史沿革，同时也反映了明清和民国时期的整个社会状况。由于它是连续几百年记录下来的第一手材料，其史料价值极高，是我国文化的一个宝藏。如果能为学术界充分利用、深入发掘，必定会大大丰富和加深我们对封建社会特别是明清社会的认识，必将引起国内外学术界更广泛的重视。

解放后，党和国家对孔府档案十分重视，学术界人士，一些专家学者，如社会科学院的杨向奎同志、山东大学的萬懋春同志、曲阜孔

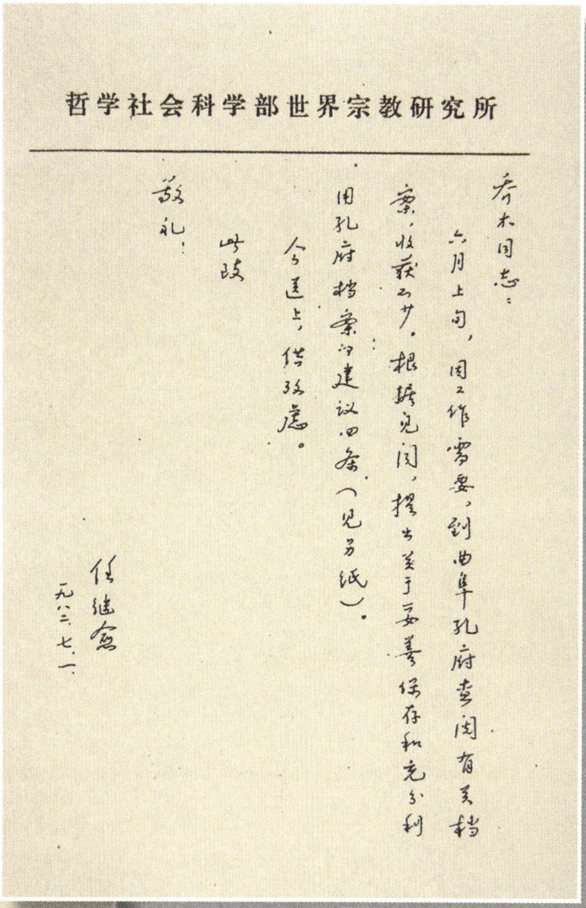

哲学社会科学部世界宗教研究所

乔木同志：

六月上旬，因工作需要，到曲阜孔府查阅有关档案，收获不少。根据见闻，提出关于妥善保存和充分利用孔府档案的建议四条（见另纸）。

今送上，供考虑。

此致

敬礼！

任继愈

六二.七.一

任继愈致胡乔木的信

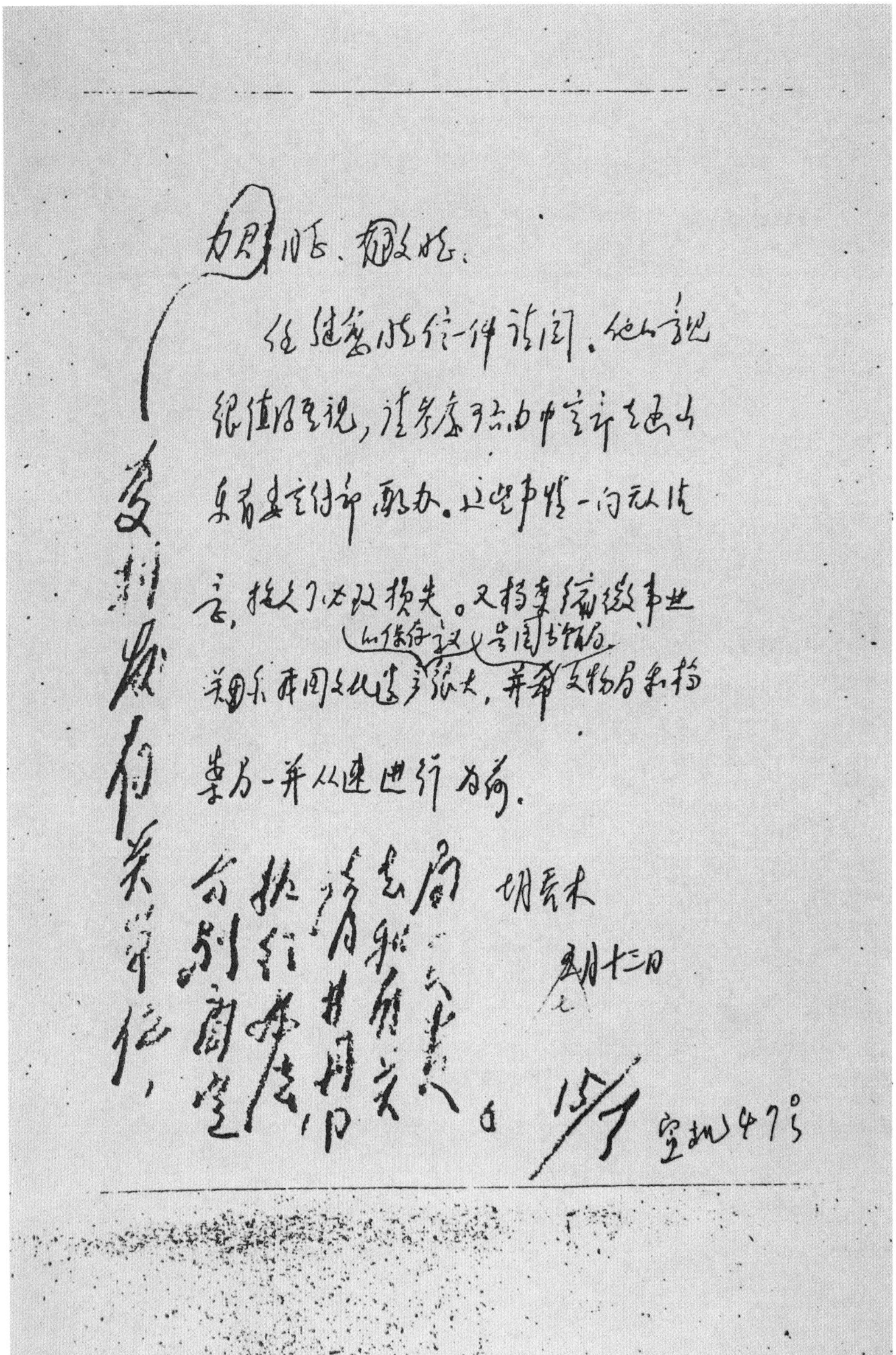
力群、郁文同志：

任继愈同志信一件请阅。他的意见很值得重视，请考虑可否由中宣部出面召集有关部门商办。这些事情一向无人注意，损失了不少珍贵文献。又档案缩微事业（以保存文献、善本图书）关系于我国文化遗产很大，并希文物局和档案局一并加速进行为荷。

敬礼　胡乔木

五月十二日

交到缩微有关单位，分别商量执行，请出版局[illegible]

15/7　宣批479

胡乔木、邓力群的批复

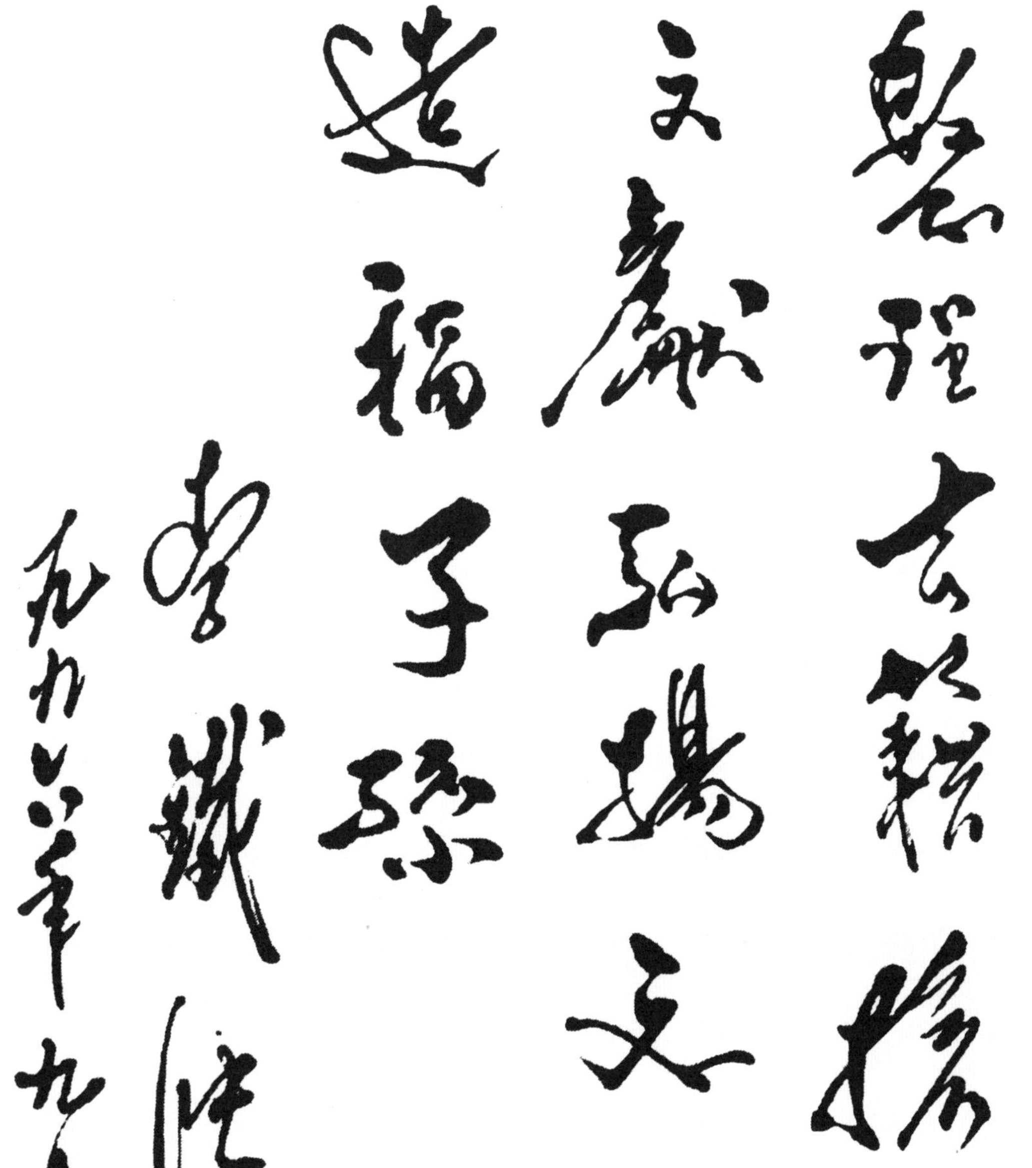

时任国务委员李铁映题词

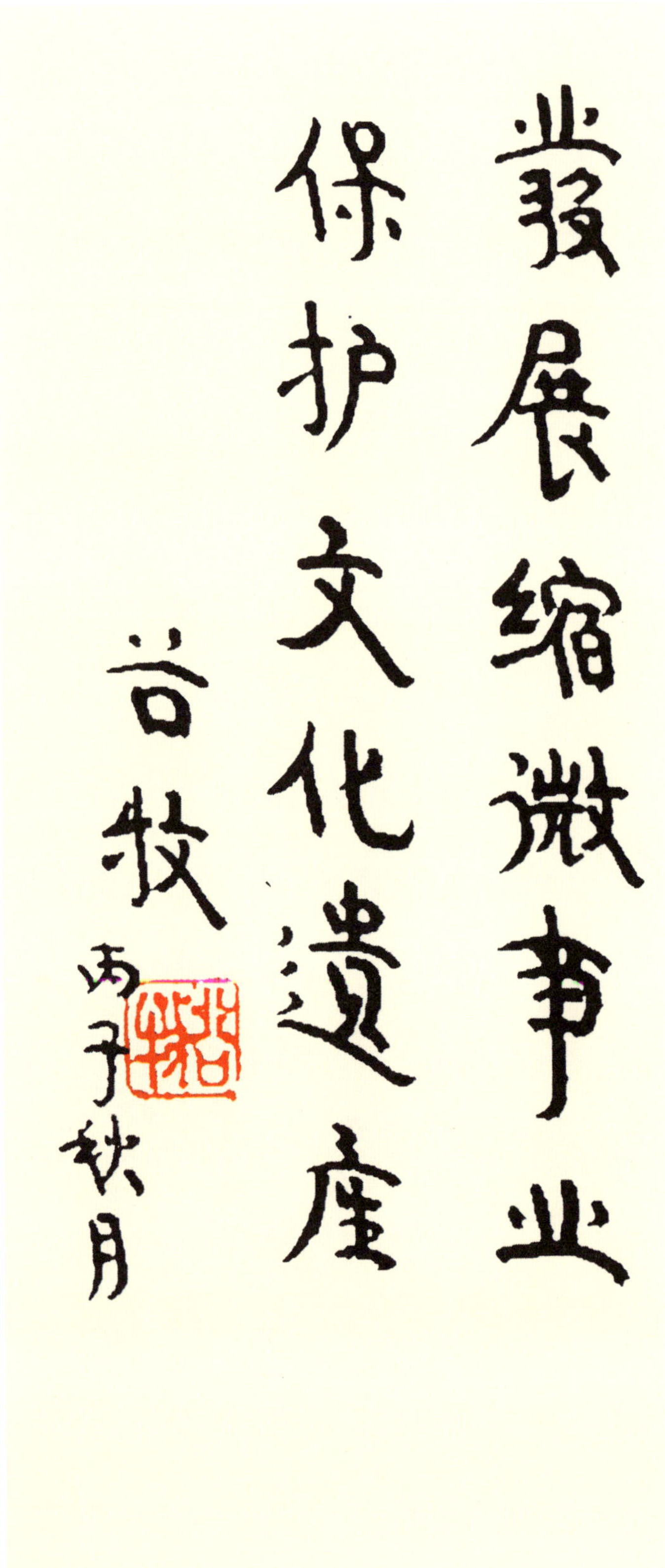

原国务院副总理谷牧题词

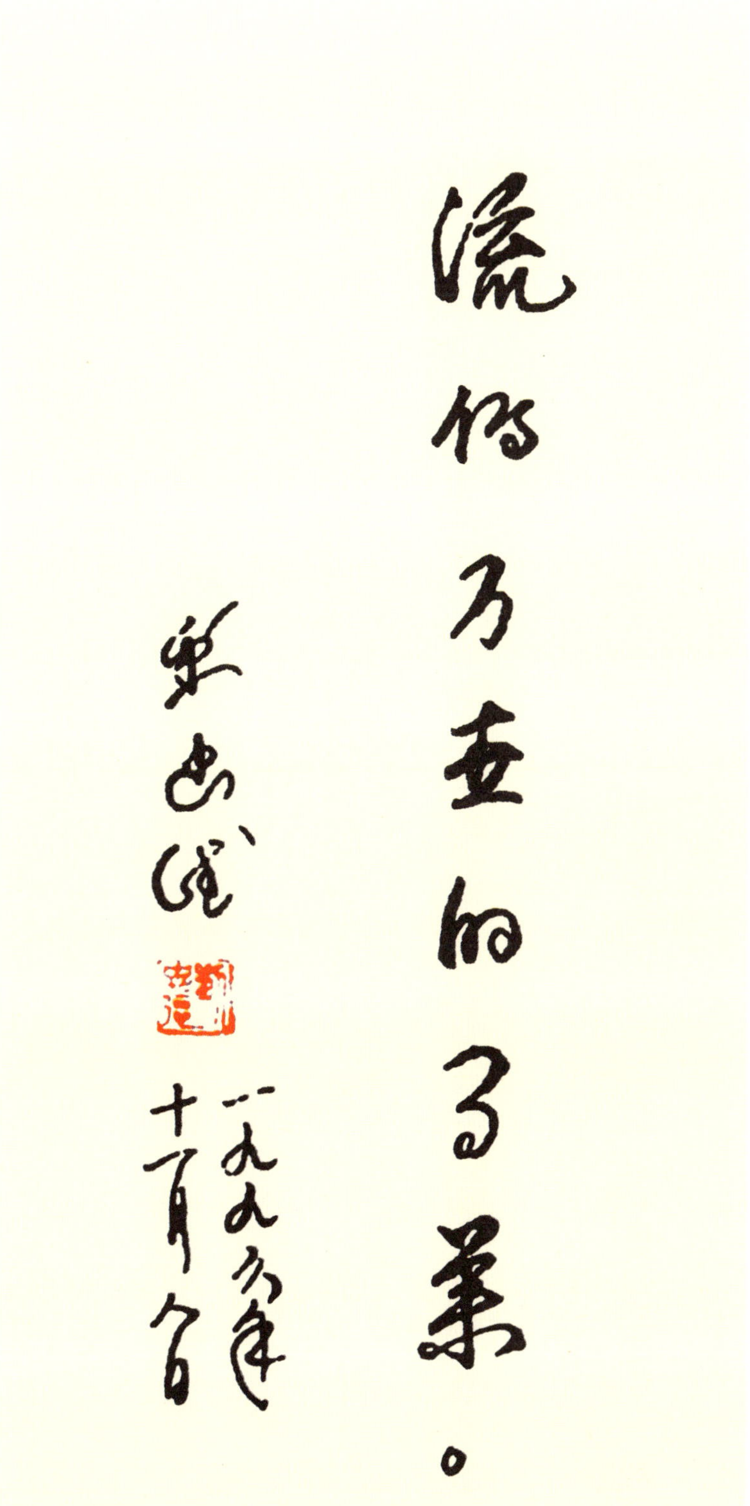

时任文化部部长刘忠德题词

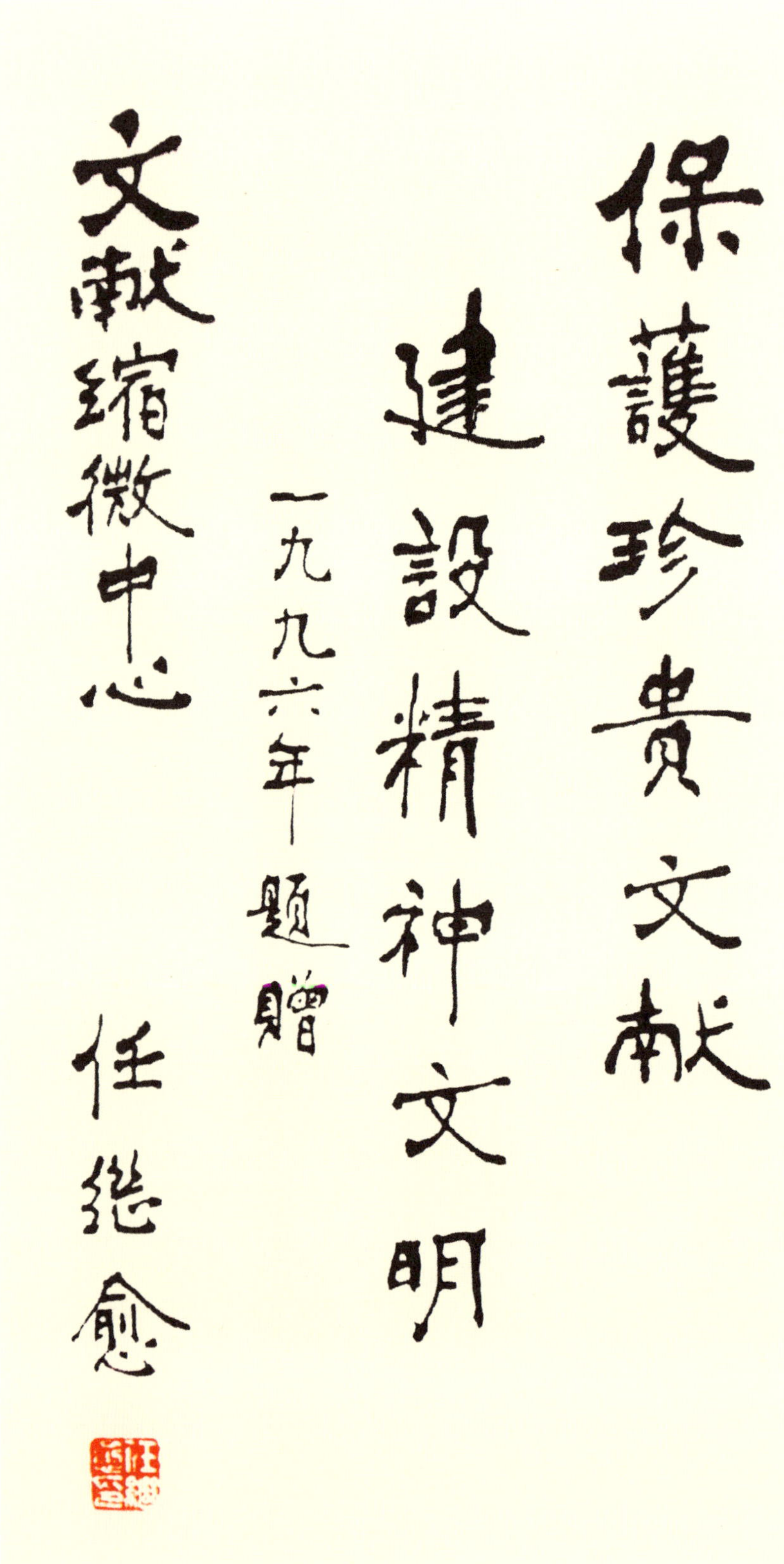

著名学者、时任国家图书馆馆长任继愈题词

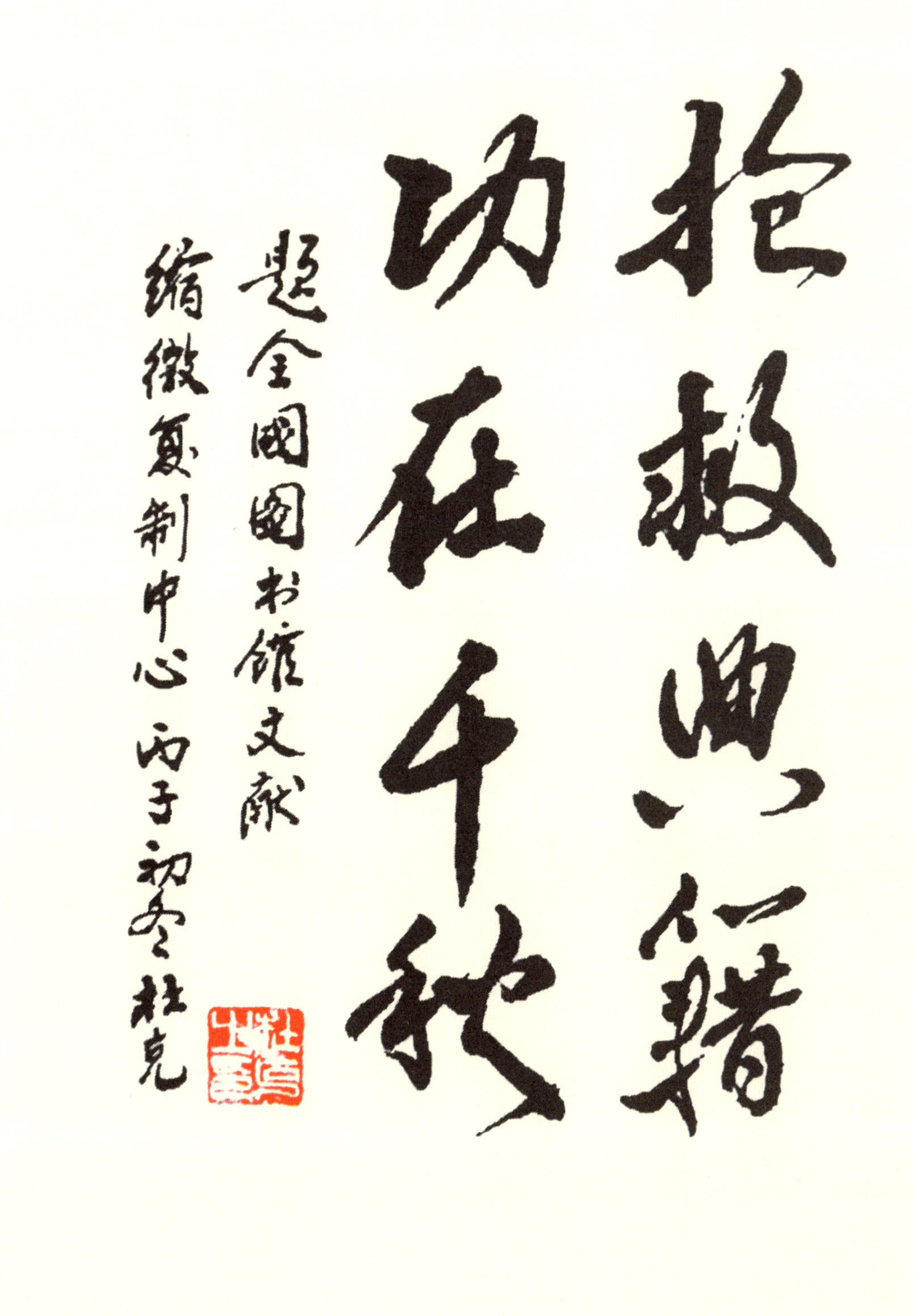

时任文化部图书馆司司长杜克题词

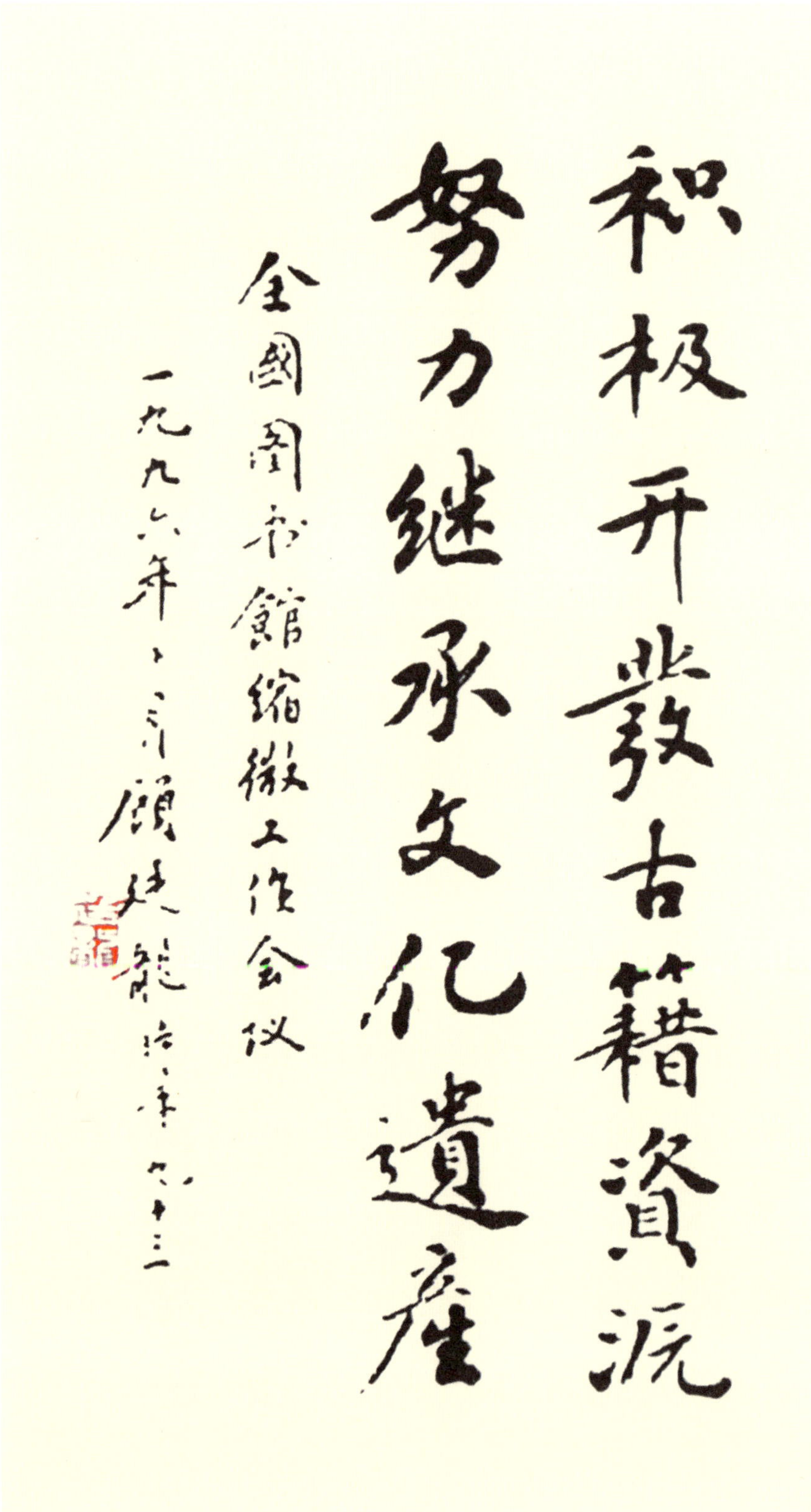

积极开发古籍资源
努力继承文化遗产
全国图书馆缩微工作会议
一九九六年十二月
顾廷龙 时年九十三

著名学者顾廷龙题词

全国图书馆文献抢救工作开展二十周年贺词

典籍是文明的载体，是一个民族珍贵的文化遗产，是传承文化的重要工具。中华民族历史之悠久、典籍之宏富，当属世界之首。然而，如古人所说："夫天地间物，难聚而易散者，莫书若也。"典籍属不可再生的文化资源，一旦破坏，就不能完整再现。中国历史上有一些严重的典籍流散毁灭事件，被称为"书厄"。究其原因，或损于政治、宗教和朝代更迭等大患，或毁于水火虫鼠等天灾。秦代焚书坑儒、项羽火烧秦宫、汉末军阀割据、西晋五胡乱华、南朝侯景之乱、隋唐书舟翻覆、宋末金人南寇、蒙古铁骑践踏、明末多年战乱、清廷焚禁、太平军扫荡江南文化，外国侵略者大肆掠夺，都造成了历久弥痛的文化浩劫，特别是"文革"对古代文化典籍的摧残更是达到了登峰造极的程度。

建国以来，党和政府通过基础设施建设和"保护为主，抢救第一，合理利用，加强管理"的总的指导原则，建设了一大批图书馆藏书库，让数以千万册的典籍得到了初步保护；又通过修复，让十余万册的典籍得到了新生。1985年，根据陈云同志关于抢救祖国文化遗产的重要指示，文化部成立了全国图书馆文献缩微复制中心，采用缩微照相的方式对濒于灭绝的珍贵文献和报刊进行抢救拍照。这项工作得到了国务院有关部委的大力支持，特别是财政部每年拨出专项经费，使缩微工作得以顺利开展。国家图书馆充分发挥了龙头作用，各地文化管理部门和公共图书馆积极参与，形成了覆盖全国的文献缩微拍摄网络。20年来，抢救拍照的珍稀濒危文献典籍和报刊总计66913种，其中单是善本古籍就有31182种，为保护中华优秀文献做出了突出贡献。同时也培养了一批业务娴熟、技术精湛的缩微专业技术人才。

文献保护事业任重而道远，我们目前取得的成绩还未能从根本上扭转文献保护的严峻形势。据初步了解，全国图书馆、博物馆、文物管理单位收藏的约3000万册件古籍中，破损的约有1000万册件，珍贵古籍急需进行抢救的超过20万册件，民国文献破损酸化更为严重。利用缩微技术抢救文献是再生性保护的一种重要方式，事实证明，在目前信息技术发展一日千里的时代，缩微技术仍是世界上最安全、稳定、成熟的影像保存技术之一。希望全体缩微工作者站在保护文化遗产、抢救文献财富的高度，认真借鉴国外先进的彩色缩微技术，加快提高缩微拍照技术水平；要努力完善缩微文献向数字化转化的技术，积极参与图书馆数字资源建设；要充分开发、科学利用缩微拍照的优秀文献资源，为广大公众和学者服务。

我相信，通过全体缩微工作者的不懈努力和勤奋工作，一定能完成好抢救祖国优秀典籍的重任，让中华悠久绵延、璀璨绚烂的文化典籍世代相传，永放光彩！

文化部副部长 周和平

2005年8月

时任文化部副部长周和平贺词

聚沙为塔
集腋成裘

詹福瑞
2005年7月29日

时任国家图书馆馆长詹福瑞题词

协力创业

奠基篇

缩微技术，是对文献进行再生性保护的最可靠、最成熟的方式之一。按照中央领导的指示，文化部、财政部先后筹划了一系列活动，为国内缩微事业的发展奠定了基础。全国图书馆文献缩微复制中心成立后，国内各图书馆积极参与，一场利用缩微技术抢救与保护祖国文化遗产的行动在全国范围内大规模展开。

缩微复制　大有可为

缩微技术，即采用专门的缩微拍摄器材，把经过编排和整理的文献拍摄到感光胶片上以长期保存，并利用数字还原的方式加以利用的文献管理手段。

1　3
2　4

1. 排列有序的缩微品库房
2. 原件和缩微阅览器上看到的文献
3. 缩微胶卷
4. 缩微平片

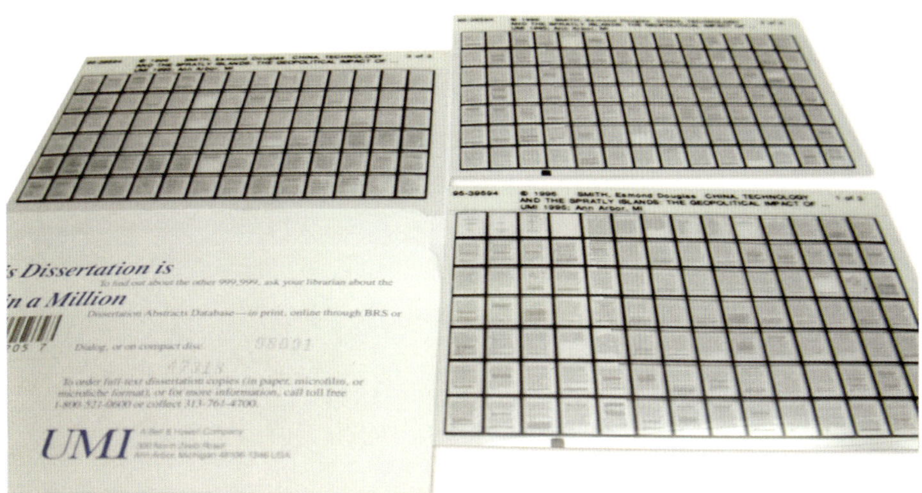

缩微胶片的优势：

★真实反映文件原貌；

★具有不可更改性；

★具有法律效力；

★聚酯胶片的寿命可以超过500年；

★成品规范，便利管理；

★节省存放空间。

简册时代，文人读书要用车装，“学富五车”的成语便因此而来。纸本书时代，五车竹简内容只需一个书包便可装下。缩微技术出现后，一个胶卷便可容纳其全部内容，并为图书馆解决了藏书架满为患的问题。

《中华人民共和国档案法实施办法》第二十一条明确规定：各级各类档案馆提供社会利用的档案，应当逐步实现以微缩品代替原件。档案微缩品和其他复制形式的档案载有档案收藏单位法定代表人的签名或者印章标记的，具有与档案原件同等的效力。

缩微胶片在各国的法律地位：

★美国：无论原件是否存在，在任何法律或行政程序中，均接受缩微品作为原件使用参考；
★德国：承认以税收和商业目的而保存的缩微复制品的法律效力；
★巴西：允许使用缩微品作证；
★马来西亚：允许使用缩微品作证；
★瑞典：允许使用缩微品作证；
★加拿大：原始档案保存六年后，可以使用缩微品副本作证；
★意大利：缩微胶片为原片且未修改，可以作证；
★日本：某些情况允许使用缩微品作证；
★英国：某些情况允许使用缩微品作证。

缩微文献在我国的文献采选地位

缩微品在部分文献类型采选时已成为各图书馆保存本的优选品。

第四节　缩微文献

第三十八条　缩微文献，系指用缩微照相方式，将原始文献在感光材料上复制而成的高倍率复制文献，包括缩微胶卷和缩微平片等。

第三十九条　对善本特藏文献、辛亥革命前后的图书和建国前后报刊实行再生性保护而产生的缩微文献重点采选。

第四十条　国外研究中国和华人的资料，包括国外有关中国学的博士论文和中国留学生博士论文重点采选。

第四十一条　联合国、重要国际组织和国家政府出版物的有关缩微制品重点采选。

第四十二条　研究远东和亚洲以及我国周边国家和地区问题的（如英、美等国的政府解密文件等）适当采选。

第四十三条　对于能够补充本馆缺藏印刷型文献的缩微文献适当采选。

第四十四条　适当采选国外报刊的缩微制品，并替代印刷型原本。

第五节　视听文献

第四十五条　视听文献，系指以语音、图像为主，并且需要借助特殊的设备才能够看见、听见的文献资料。其中包括唱片、录音带、

274

国家图书馆文献采选条例中的相关规定

20世纪30年代，美国开始使用缩微技术拍摄珍本文献。1938年，美国向中国提供了一套缩微摄影设备，暂时安装在北京协和医院。中方利用这套设备拍摄了一部分医学类善本书。1940年，这套设备被日军掠走。

1943年，美国国会图书馆将国立北平图书馆运到美国的2720种善本图书摄制成缩微胶片，并将3套胶片分送国立中央图书馆、国立中央研究院和国立北平图书馆。

1948年，北京图书馆购入一套美国产缩微摄影设备，在新中国成立后，开始有规模地复制珍贵文献。但在全国范围内，缩微技术并未普及。

1
—
2

1. 20世纪40年代，美国国会图书馆送给国立北平图书馆的善本图书缩微胶片

2. 20世纪50年代，北京图书馆工作人员使用缩微设备拍摄文献

缩微技术在敦煌学的研究中发挥了重大作用。20世纪30年代，王重民、向达等远赴英、法等国，拍摄并带回1000余种敦煌遗书照片，入藏国立北平图书馆，这是国人首次成批见到被斯坦因、伯希和劫掠的敦煌经卷。1957年，英国剑桥大学图书馆将英藏敦煌写本的缩微胶片与北京图书馆馆藏敦煌写本的缩微胶片进行交换。1979年，法国巴黎图书馆也与北京图书馆互换馆藏敦煌遗书胶片。北京图书馆成为世界上研究敦煌学最重要的基地。

1
2 3

1. 国家图书馆藏敦煌遗书缩微胶卷

2. 英国藏敦煌遗书缩微胶卷

3. 法国藏敦煌遗书缩微胶卷

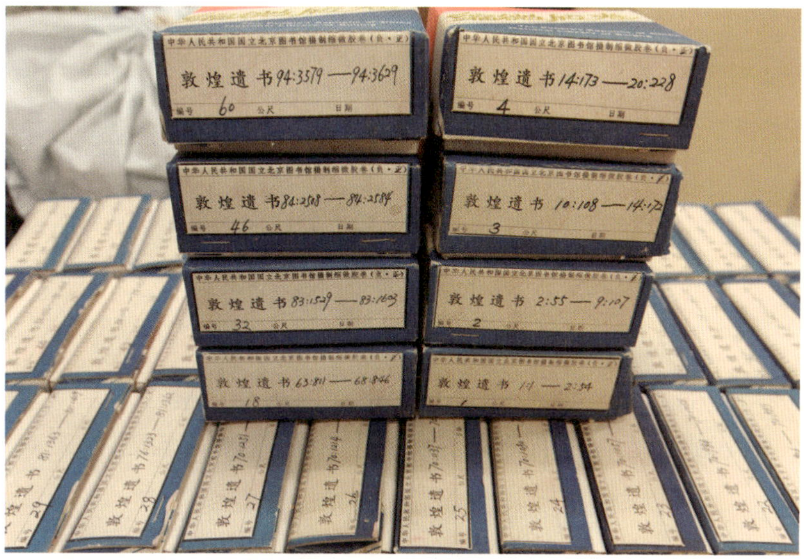

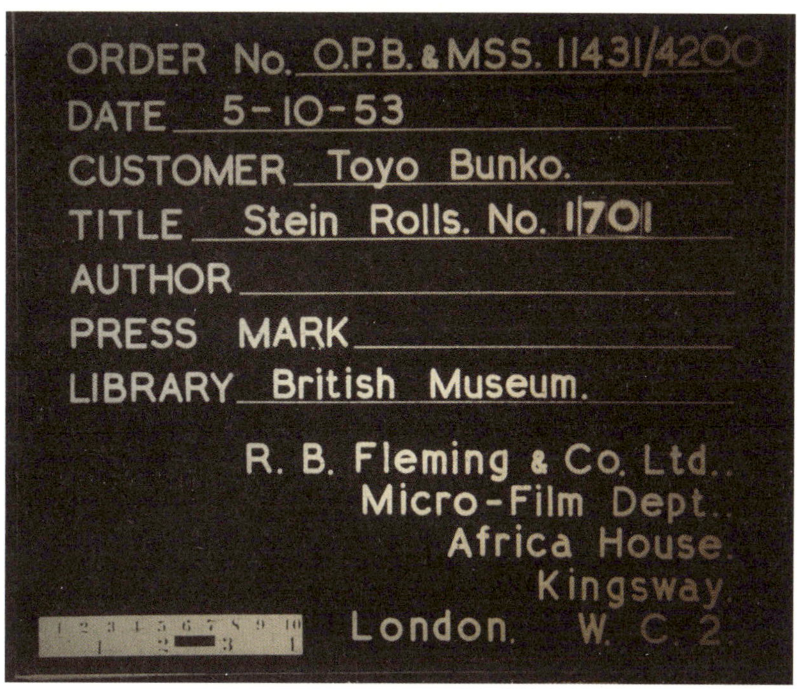

随着时间的推移，国内各图书馆收藏的珍贵历史文献保存状况堪忧，毁损日益严重，迫切需要缩微技术加以抢救。

损毁严重的纸质文献及档案

决策部署　事业初奠

全国图书馆文献缩微复制中心的成立，为我国缩微事业的发展奠定了基础。1983年4月，文化部图书馆事业管理局在北京召开缩微摄影技术座谈会，就图书馆文献抢救工作的组织机构、管理办法及人员培训进行了可行性研究。

缩微摄影技术座谈会与会人员合影

1983年9月，文化部图书馆事业管理局在成都召开公共图书馆缩微摄影技术工作座谈会，确定了北京图书馆及上海、四川、重庆、辽宁、吉林、南京、山东、山西、湖南、广东等省市11家图书馆为第一批缩微拍摄馆，初步形成全国公共图书馆系统的缩微摄影技术网

1984年3月，文化部先后组织两个考察团赴日本考察缩微摄影技术及设备

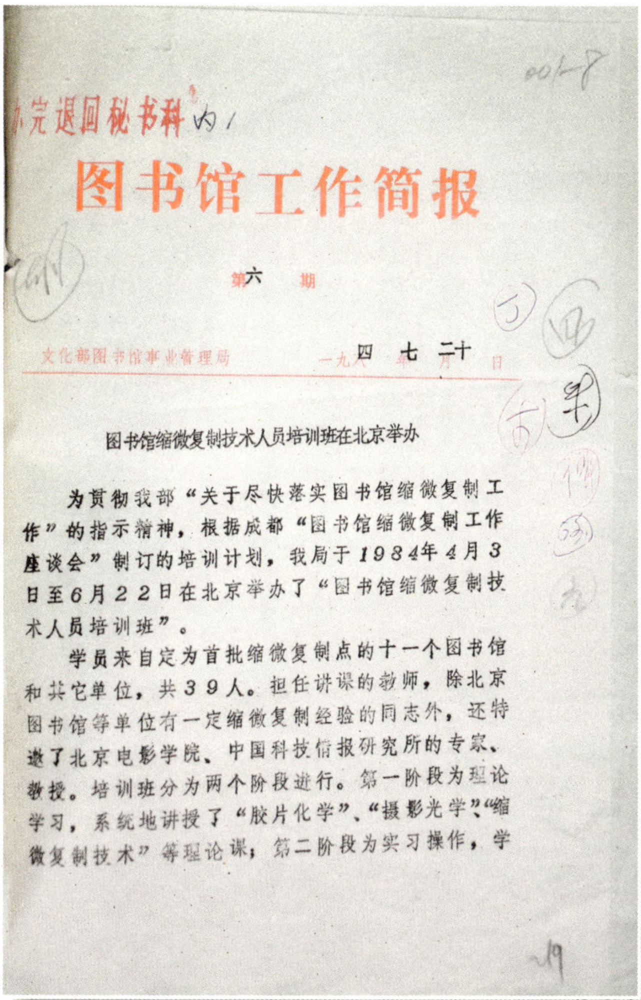

办完退回秘书科 内1

图书馆工作简报

第六期

文化部图书馆事业管理局　一九八四年七月二十日

图书馆缩微复制技术人员培训班在北京举办

为贯彻我部“关于尽快落实图书馆缩微复制工作”的指示精神，根据成都“图书馆缩微复制工作座谈会”制订的培训计划，我局于1984年4月3日至6月22日在北京举办了“图书馆缩微复制技术人员培训班”。

学员来自定为首批缩微复制点的十一个图书馆和其它单位，共39人。担任讲课的教师，除北京图书馆等单位有一定缩微复制经验的同志外，还特邀了北京电影学院、中国科技情报研究所的专家、教授。培训班分为两个阶段进行。第一阶段为理论学习，系统地讲授了“胶片化学”、“摄影光学”“缩微复制技术”等理论课；第二阶段为实习操作，学

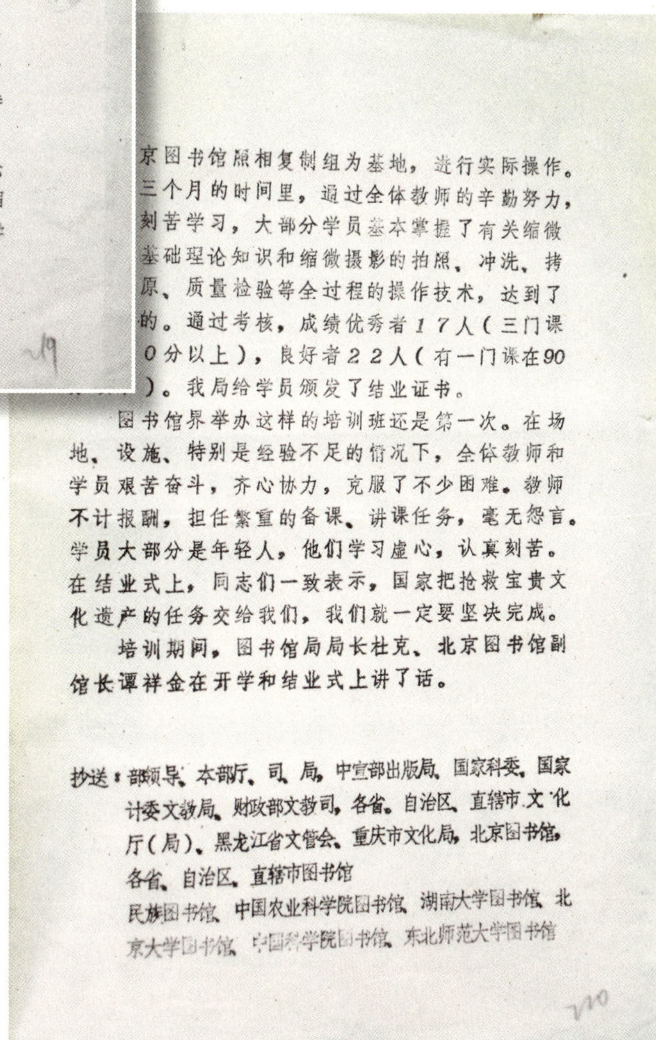

京图书馆照相复制组为基地，进行实际操作。三个月的时间里，通过全体教师的辛勤努力，刻苦学习，大部分学员基本掌握了有关缩微基础理论知识和缩微摄影的拍照、冲洗、拷原、质量检验等全过程的操作技术，达到了的。通过考核，成绩优秀者17人（三门课0分以上），良好者22人（有一门课在90）。我局给学员颁发了结业证书。

图书馆界举办这样的培训班还是第一次。在场地、设施、特别是经验不足的情况下，全体教师和学员艰苦奋斗，齐心协力，克服了不少困难。教师不计报酬，担任繁重的备课、讲课任务，毫无怨言。学员大部分是年轻人，他们学习虚心，认真刻苦。在结业式上，同志们一致表示，国家把抢救宝贵文化遗产的任务交给我们，我们就一定要坚决完成。

培训期间，图书馆局局长杜克、北京图书馆副馆长谭祥金在开学和结业式上讲了话。

抄送：部领导、本部厅、司、局，中宣部出版局，国家科委，国家计委文教局，财政部文教司，各省、自治区、直辖市文化厅（局），黑龙江省文管会，重庆市文化局，北京图书馆，各省、自治区、直辖市图书馆
民族图书馆、中国农业科学院图书馆、湖南大学图书馆、北京大学图书馆、中国科学院图书馆、东北师范大学图书馆

1984年4月3日至6月22日文化部图书馆事业管理局在北京举办“图书馆缩微复制技术人员培训班”。图为《图书馆工作简报》对本次培训班的报道

图书馆缩微技术培训班合影 1984.6.

1985年1月，文化部图书馆事业管理局在南京召开第一次全国图书馆文献缩微工作会议，宣布正式成立“全国图书馆文献缩微复制中心”，对外称“中华全国图书馆文献缩微复制中心”，英文缩写为“CNMCLR”。

1 | 2 | 3

1. 图书馆缩微复制技术人员培训班合影

2. 1984年7月，文化部图书馆事业管理局从北京图书馆、四川省图书馆、山西省图书馆、广东省立中山图书馆和南京图书馆选派了5名缩微摄影技术人员，赴日本缩微复制公司接受为期半年的缩微摄影技术培训

3. 第一次全国图书馆文献缩微工作会议代表合影

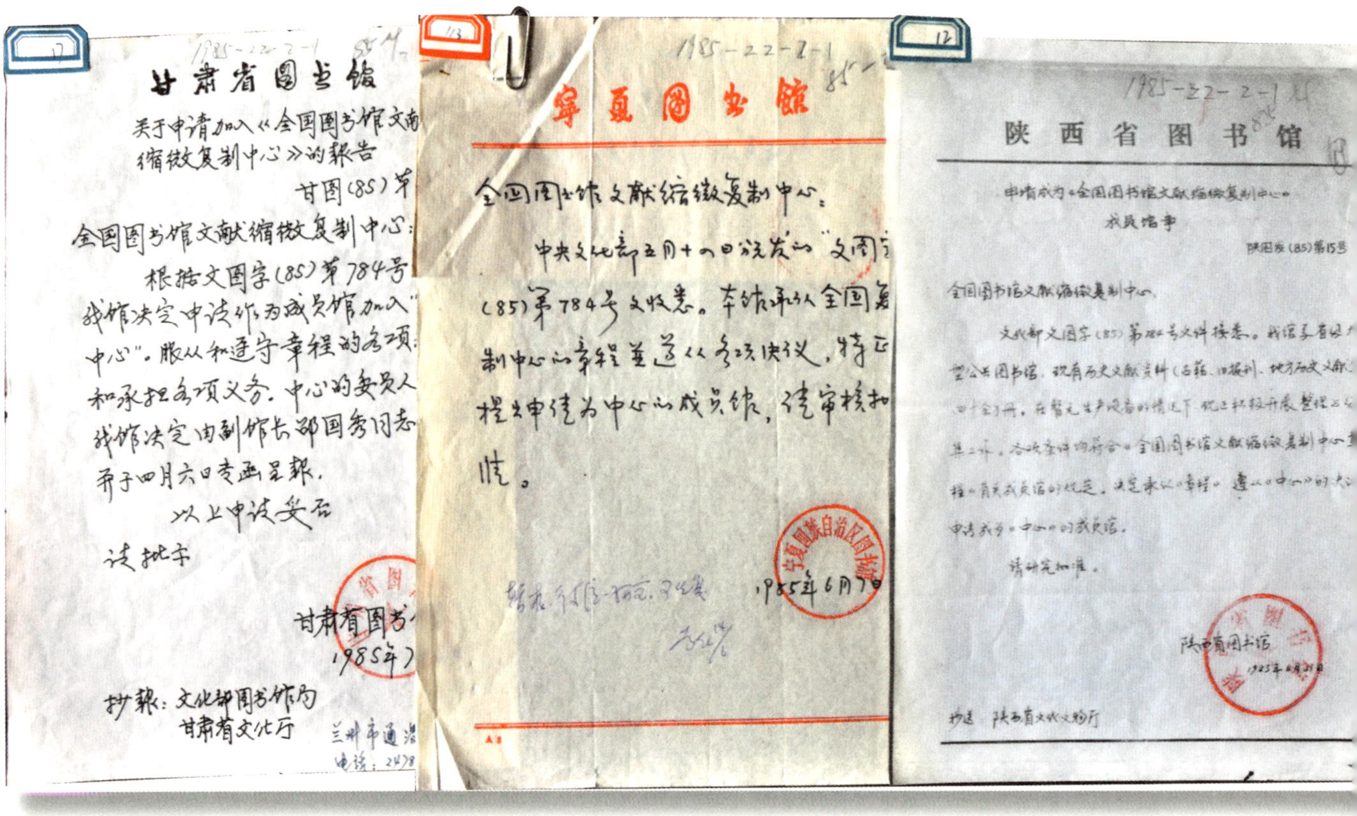

甘肃省图书馆

关于申请加入《全国图书馆文献缩微复制中心》的报告

甘图(85)第

全国图书馆文献缩微复制中心：

根据文图字(85)第784号

我馆决定申请作为成员馆加入"

中心"。服从和遵守章程的各项

和承担各项义务。中心的委员人

我馆决定由副馆长郭国秀同志

于四月六日专函呈报。

以上申请妥否

请批示

甘肃省图书

1985年

抄报：文化部图书馆局

甘肃省文化厅

宁夏图书馆

全国图书馆文献缩微复制中心：

中央文化部五月十四日分发的"文图字(85)第784号文收悉。本馆承认全国

制中心的章程并遵从各项决议，特正

式申请为中心的成员馆，请审核批

准。

1985年6月7日

陕西省图书馆

申请成为《全国图书馆文献缩微复制中心》成员馆事

陕图发(85)第15号

全国图书馆文献缩微复制中心：

请研究批准。

陕西省图书馆

1985年6月21日

抄送　陕西省文化文物厅

1 | 2

1. 全国各图书馆加入缩微中心的申请

2. 会议讨论通过的中心章程

全国图书馆文献缩微复制中心章程

第一章　总则

第　一　条　名称

全称为：全国图书馆文献缩微复制中心，简称为：全国复制中心（以下简称“中心”）。

第　二　条　性质与任务

本中心为全民所有制的事业单位，隶属文化部图书馆事业管理局领导，独立建制。其任务是：

1、遵照中央关于抢救祖国文化遗产的指示，全面规划，统筹安排，逐年制定文献缩微与复制计划；

2、制定文献整理与缩微产品的规划、规格和技术标准，实施质量控制；

3、制定财务计划，组织各项设备的选型、订购、分配和调拨；

立足全国　统一协调

缩微中心立足全国、统筹规划，带领各成员馆制订工作计划、建立规章制度、开展学习与交流活动，积极推动全国图书馆文献缩微工作的全面展开。

整体规划

全国图书馆文献缩微复制中心先后召开十次全国图书馆文献缩微工作会议，规划图书馆文献缩微工作的大政方针；自1985年起，缩微中心每年召开一次技术部主任会议，推动工作不断前进。

1986年3月，第二次全国图书馆文献缩微工作会议在广州召开

1996年12月，第七次全国图书馆文献缩微工作会议在广西北海召开，总结十年来缩微文献抢救工作的成果与经验

工作会议留念
北海 1996.12

全国公共图书馆技术部主任会议 2002.4.福州

1	2
	3

1. 2002年，在福州举办的全国公共图书馆技术部主任会议代表合影
2. 2011年，在南阳举办的全国公共图书馆技术部主任会议代表合影
3. 2014年，在天津举办的全国公共图书馆技术部主任会议代表合影

2011 年全国公共图书馆技术部主任会议 2011. 4. 19

2014年全国公共图书馆技术部主任会议合影留念 2014.4.28.天津

建章立制

缩微中心组织专业技术人员撰写各类规章制度，保证文献抢救工作质量的不断提高。

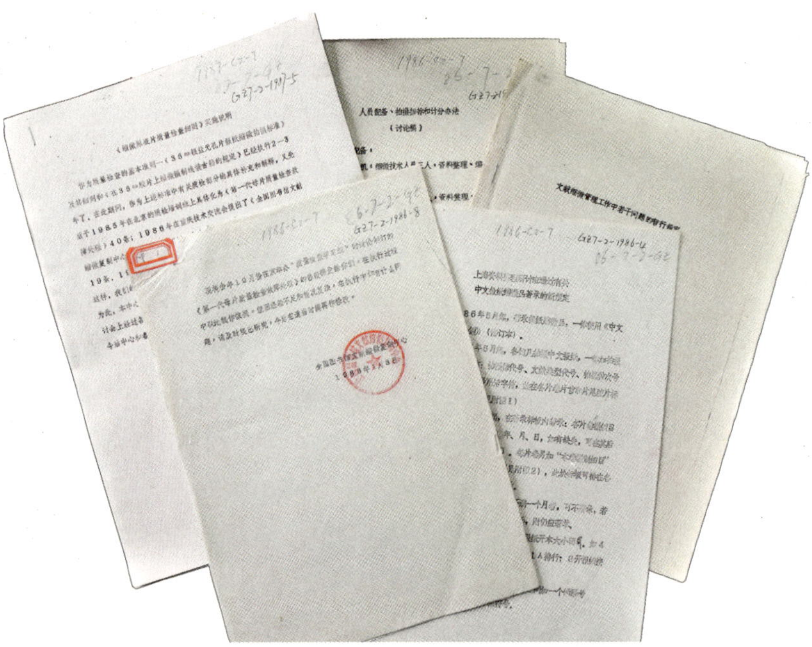

1
3
2

1. 技术规范与规章制度文本
2. 检查与管理制度文本
3. 1992年编辑的《缩微品制作标准汇编》

国后报纸缩微摄制规
1998年5月
中文普通图书缩微摄制规范
2000年11月1日
普通图书缩微品
著录条例
缩微文献著录
及机读数据制作手册
苑克俪/主编
北京图书馆出版社

学习交流

缩微中心每年举办各类培训班，以培训专业技术人员及管理人员，并同美、日等国家及台湾等地区的同行广泛开展学习和交流，使国内缩微技术与时俱进。

1
3
2

1. 相关的摄制规范与著录条例

2.《缩微文献著录及机读数据制作手册》

3. 1986年在上海举办的整理研讨班通过了报纸著录新规定

	1
2	3

1. 1986年10月13—27日，应缩微中心邀请，日本缩微摄影株式会社理事长广冈毅一行4人来我国北京、四川、大连等地访问讲学

2. 1998年9月24日，首届“海峡两岸资讯缩微学交流会”在台北举行

3. 1999年国外缩微专家来华培训

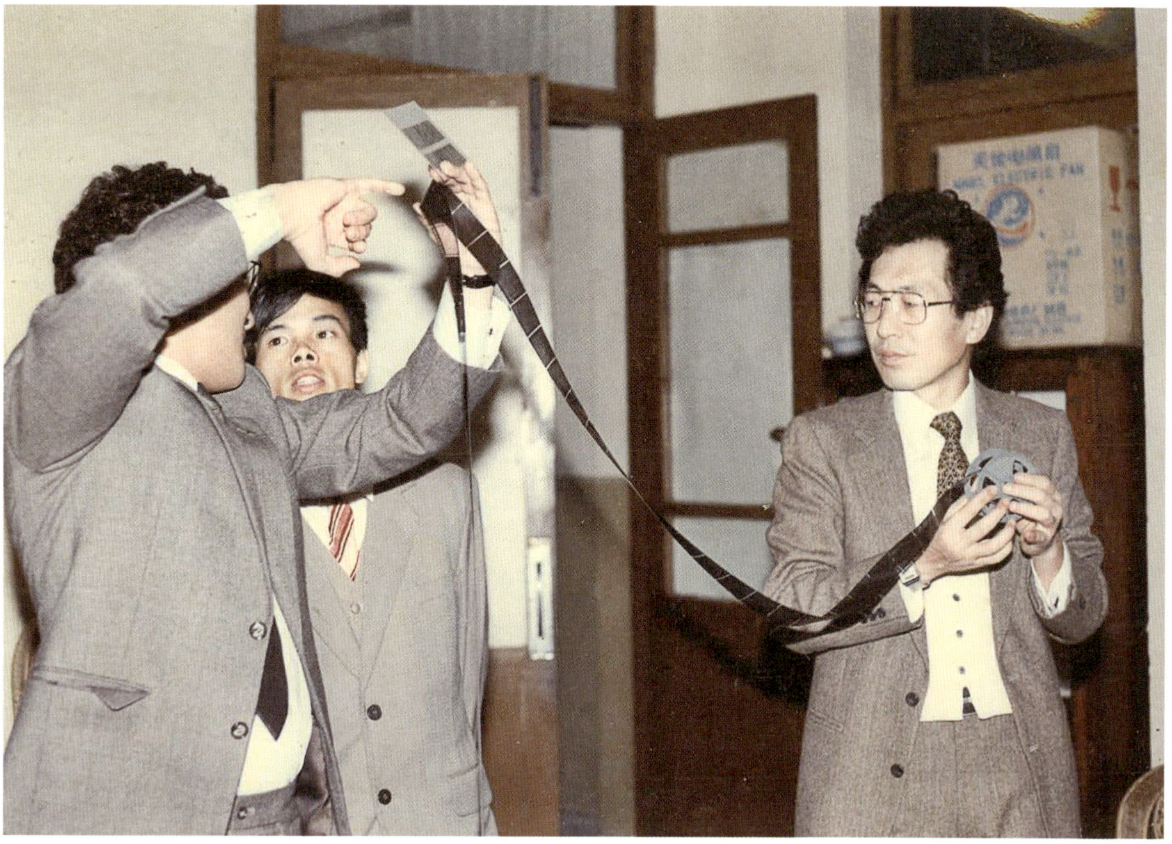

成员合作　众志成城

30年来，先后有24个公共图书馆成为缩微中心成员馆，同时有多家图书馆成为缩微中心资料馆，各馆利用缩微技术开展了如火如荼的文献抢救工作。

国家图书馆

中国国家图书馆的前身是筹建于1909年9月9日的京师图书馆，至今已逾百年。百年来，京师图书馆先后更名为国立北平图书馆、北京图书馆，1998年12月12日经国务院批准，北京图书馆更名为国家图书馆，对外称中国国家图书馆。中国国家图书馆是中国最大的图书馆，早在20世纪50年代初期就成立了照相室，利用新中国成立前遗留下来的缩微设备、简易的冲洗罐进行胶片冲洗。国家图书馆就是在这样简陋的条件下开始拍摄馆藏的善本书、报刊、手稿等，另外还根据读者需求，随时拍摄读者需要的各种书刊资料。1983年，为尽快落实图书馆缩微文献复制工作，文化部图书馆局决定下设技术服务组，由北京图书馆（今国家图书馆）牵头，进行制订操作规程、技术标准制订等项工作。1985年，国家图书馆成为全国图书馆文献缩微复制中心首批成员馆。

1999年11月，文化部下达批示，明确国家图书馆为缩微中心的管理单位。自此，国家图书馆行使双重权力，既是我国文献缩微事业的领导者，又是文献抢救的践行者。

截至2014年9月，国家图书馆共计拍摄善本古籍17659种（包括彩色善本237种），报纸2327种，期刊7510种，民国时期图书60858种，线装古籍55种，普通古籍套印本127种，共计3126万拍，占缩微中心各成员馆总拍摄量的46%。未来10年，国家图书馆预计将开展普通古籍、新善本、建国初中文图书等拍摄抢救工作，预计产量可达70万—90万拍/年。

1
——
2

1. 20世纪50年代的北京图书馆
2. 缩微数据制作与单册挂接图片

南京图书馆

南京图书馆的前身可追溯至1907年创办的江南图书馆和1933年国民政府时期筹建的中央图书馆，馆史悠久，文化底蕴深厚，在海内外享有盛誉。南京图书馆现有馆藏历史文献230万册，其中古籍160万册，民国文献70万册，是名副其实的古籍和民国文献收藏大馆。

1985年，在全国图书馆文献缩微中心所配备的缩微设备基础上，南京图书馆专款购买两台缩微翻拍设备，并成立了缩微部，下设整理、翻拍、冲洗、检验4个小组，正式开展缩微工作。依托于缩微拍摄技术，南京图书馆有条不紊地对本馆历史文献进行系统整理拍摄，抢救了大量的历史文献，为保护我国珍贵的文化遗产做出了积极的贡献。

截至2014年5月，南京图书馆共拍摄文献3695种3259173拍，其中善本古籍3263种1878104拍，期刊298种875703拍，报纸134种505366拍。

1 | 2

1. 荣获国家文化部图书馆司与人事司嘉奖的江虹同志在操作翻拍机。

2. 南京图书馆古籍阅览室

古籍阅览
Ancient Book Reading Room
南京图书馆古籍阅览须知

吉林省图书馆

1985年，吉林省图书馆正式成为全国图书馆文献缩微复制中心的拍摄馆，翌年，开始陆续对吉林、黑龙江两省的报纸、期刊、地方志、善本书等文献进行缩微复制。吉林省图书馆一贯重视缩微人才队伍的培养建设，30年来，先后有数十人次接受培训，成为吉林省图书馆内缩微工作的骨干力量，为文献抢救工作提供了人才保障。吉林省图书馆在部门内提倡一专多能，鼓励业务人员争当多面手。此举收效颇多：一是促进技术人员对各业务流程的了解与配合；二是利于拍摄人员熟悉资料整理情况，在拍摄中如发现资料有微小错误会加以纠正，提高了拍摄的优质率；三是在人少应急的情况下可以互相代替，提高了工作效率。为满足读者对于馆藏缩微文献的需求，吉林省图书馆不断扩充缩微胶片阅读器和缩微胶片扫描仪等设备，为高校、科研机构及社会各界读者提供文献服务，获得一致好评，验证了缩微文献服务社会的重要价值。

截至2014年5月，吉林省图书馆共拍摄文献3534种2154290拍，其中善本古籍523种562744拍，期刊121种539456拍，报纸75种707948拍，民国书2815种344142拍。

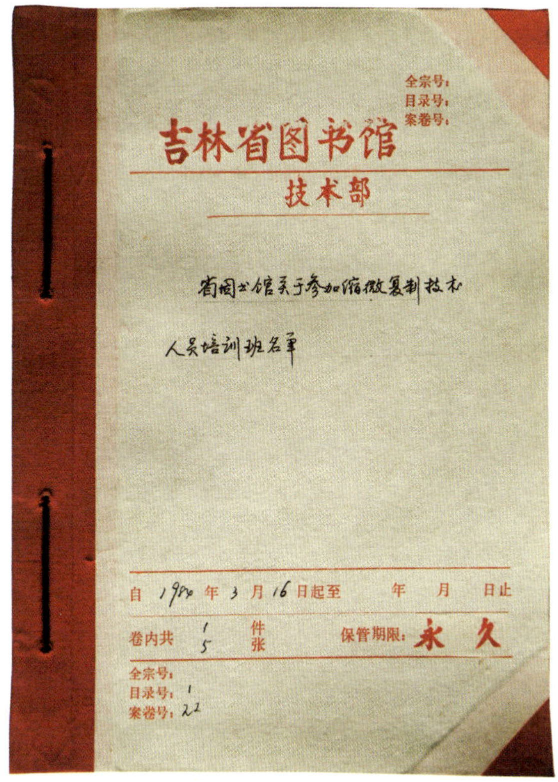

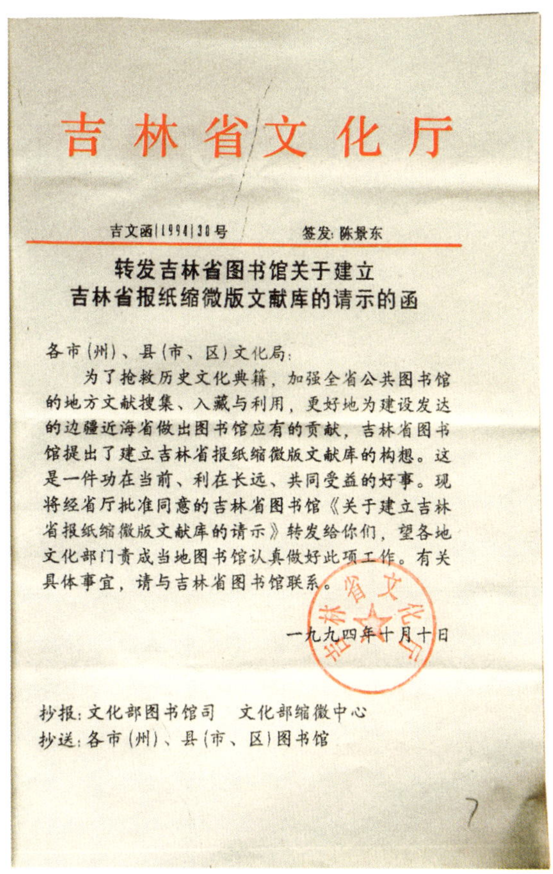

吉林省文化厅

吉文函[1994]30号　　签发：陈景东

转发吉林省图书馆关于建立
吉林省报纸缩微版文献库的请示的函

各市（州）、县（市、区）文化局：

为了抢救历史文化典籍，加强全省公共图书馆的地方文献搜集、入藏与利用，更好地为建设发达的边疆近海省做出图书馆应有的贡献，吉林省图书馆提出了建立吉林省报纸缩微版文献库的构想。这是一件功在当前、利在长远、共同受益的好事。现将经省厅批准同意的吉林省图书馆《关于建立吉林省报纸缩微版文献库的请示》转发给你们，望各地文化部门责成当地图书馆认真做好此项工作。有关具体事宜，请与吉林省图书馆联系。

一九九四年十月十日

抄报：文化部图书馆司　文化部缩微中心
抄送：各市（州）、县（市、区）图书馆

1
—
2

1. 吉林省图书馆参加全国缩微复制技术培训班的人员名单

2. 1994年，吉林省文化厅批准建立吉林省报纸缩微版文献库

辽宁省图书馆

作为首批成员馆，辽宁省图书馆于1985年开始参加全国图书馆文献缩微复制工作，利用“全国图书馆文献缩微复制中心”下拨的先进缩微复制设备，进行统一、规范、系统的文献抢救缩微拍摄。

30年来，辽宁省图书馆缩微胶片拍摄质量两个连续6年、一个连续5年超优。1987—1992年，拍摄质量连续6年受到全国图书馆文献缩微中心嘉奖；2001—2005年，胶片优质率在 80% 以上；2006—2011年，胶片优质率超过 90%，拍摄质量连年优秀。辽宁省馆被文化部图书馆司和人事司授予“1985—1989年文献缩微抢救先进单位”。目前，由馆长主抓的《东北日报数据库》建库工作正在紧张地进行，《民国时期图书数据库》的建库工作已经完成，可供读者在馆内随时查阅。

截至2014年5月，辽宁省图书馆共拍摄文献2862种2888028拍，其中善本古籍746种661765拍，期刊251种413979拍，报纸109种1584748拍，民国书1756种227545拍。

1
—
2

1. 王筱雯馆长和卢丹副馆长在了解文献缩微拍摄情况

2. 工作人员对拍摄冲洗后的胶片进行质检

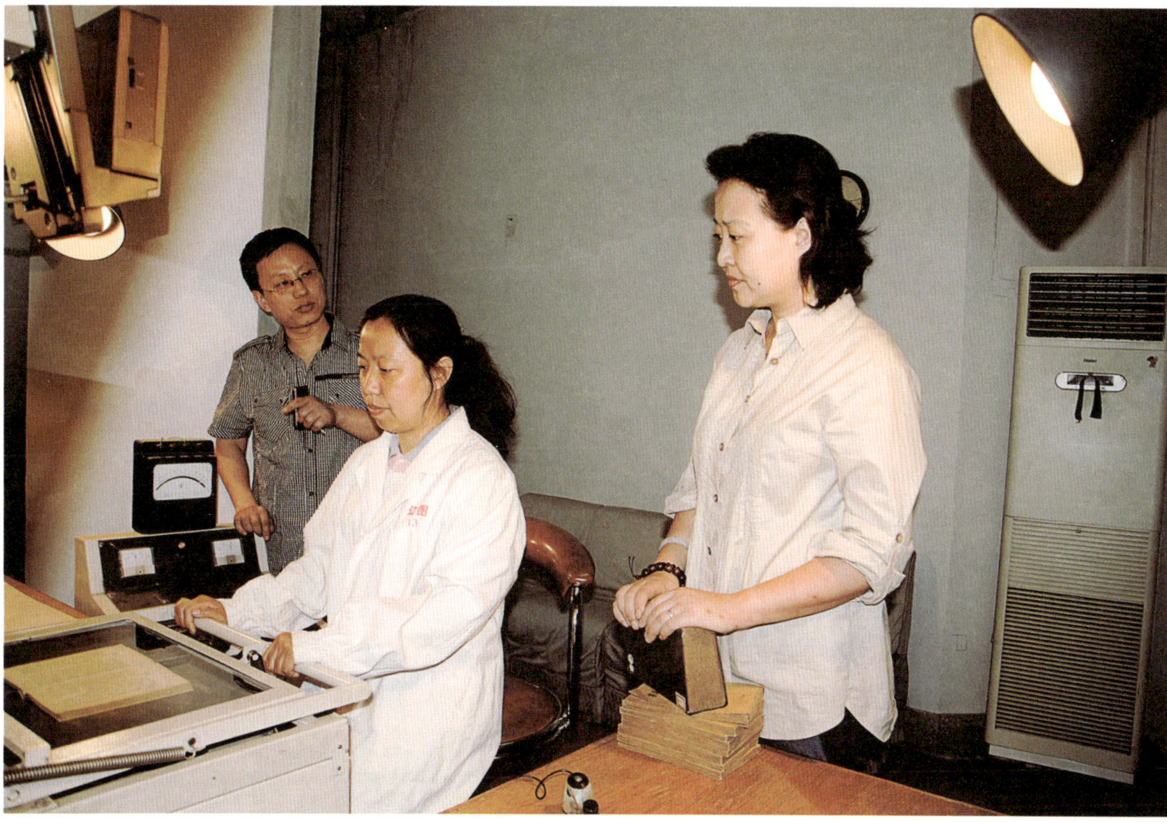

山东省图书馆

1985年，山东省图书馆成为全国图书馆文献缩微复制中心首批成员馆，并积极投入到由缩微中心统一规划和管理的文献抢救保护工作中。同年，山东省图书馆文献缩微部成立，着手进行孔府档案资料拍摄的前期准备工作，并拟定了《孔府档案资料缩微拍摄工作计划协议草案》。后因种种原因，孔府档案拍摄计划未能实施。随后，结合馆藏文献的实际情况，山东省图书馆适时调整工作重心，把缩微工作的重点放到抢救馆藏善本古籍、解放区革命文献和建国前旧报刊上来，使得一大批馆藏精品和具有重要史料价值的文献基本上得到抢救保护，取得了重大阶段性成果。其中，既有如黄丕烈校跋《战国策》、清康熙版《通志堂经解》《清代名人书札诗稿》等名家精校抄稿本和稀见地方文献；又有如海源阁旧藏《先都御史公奏疏》、王唐跋《李南涧先生古文》手稿、海内孤本［万历］《兖州府志》、清钞本《曹县万氏诗文集》等具有鲜明地方特色的古籍善本。

2004年，山东省图书馆积极发展缩微技术与数字化相结合的技术路线，购置了一套完整的缩微影像扫描系统，对缩微品进行由模拟影像到数字影像的转换，使文献的利用率大幅度提高。同时，通过馆际互借方式，山东省图书馆对本馆缺藏的重要山东文献进行补充，制成缩微品，供广大读者使用。

截至2014年5月，山东省图书馆共拍摄文献1054种1928526拍，其中善本古籍755种574943拍，期刊195种251298拍，报纸104种1138285拍。

1
—
2

1. 山东省图书馆
2. 山东省图书馆荣获的各项证书

山西省图书馆

1985年，作为首批成员馆，山西省图书馆积极投身于由全国图书馆文献缩微复制中心统一组织、安排的全国图书馆文献抢救保护工作中，在建站、培训、调研、书目数据制作、拍摄、协调等一系列工作中，表现出色。

30年来，山西省图书馆缩微复制工作者兢兢业业，成果颇丰，成为国内第一家完成馆藏民国文献拍摄的成员馆。此外，山西省图书馆帮助河南省图书馆代拍报纸126种，为安徽省图书馆代拍期刊38种、报纸3种。在这些历史文献中，张闻天的三部著作《“防共”即是灭亡中国》《挽救时局的关键》《抗日民族统一战线指南》与《刘大鹏日记》具有较高的学术价值，被学者争相传阅。

截至2014年5月，山西省图书馆共拍摄文献4342种1350521拍，其中善本古籍440种368078拍、期刊36种61620拍、报纸85种417701拍、民国书3781种503122拍。

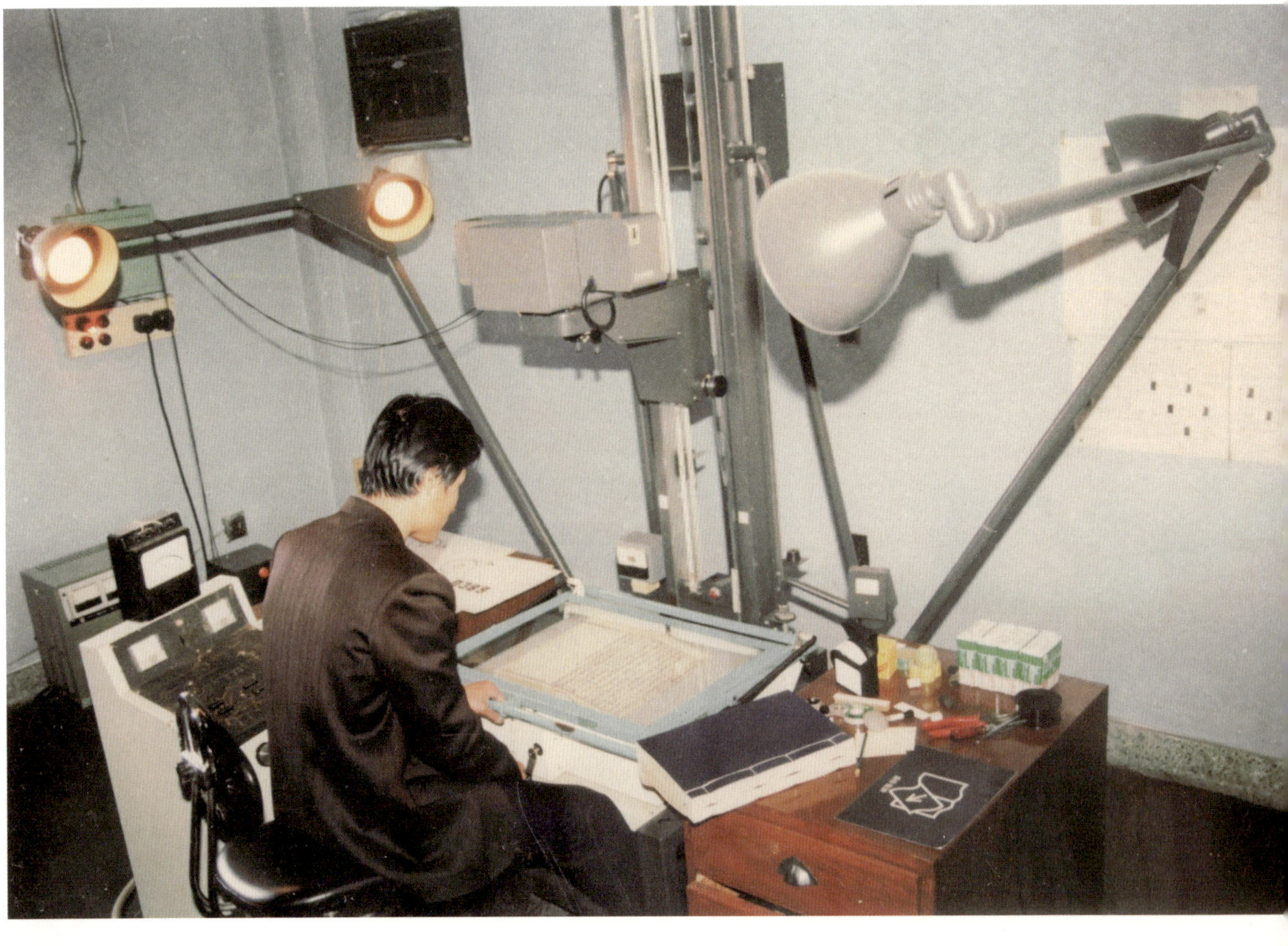

1 | 2

1. 山西省图书馆工作人员在拍摄古籍文献
2. 读者在使用缩微文献

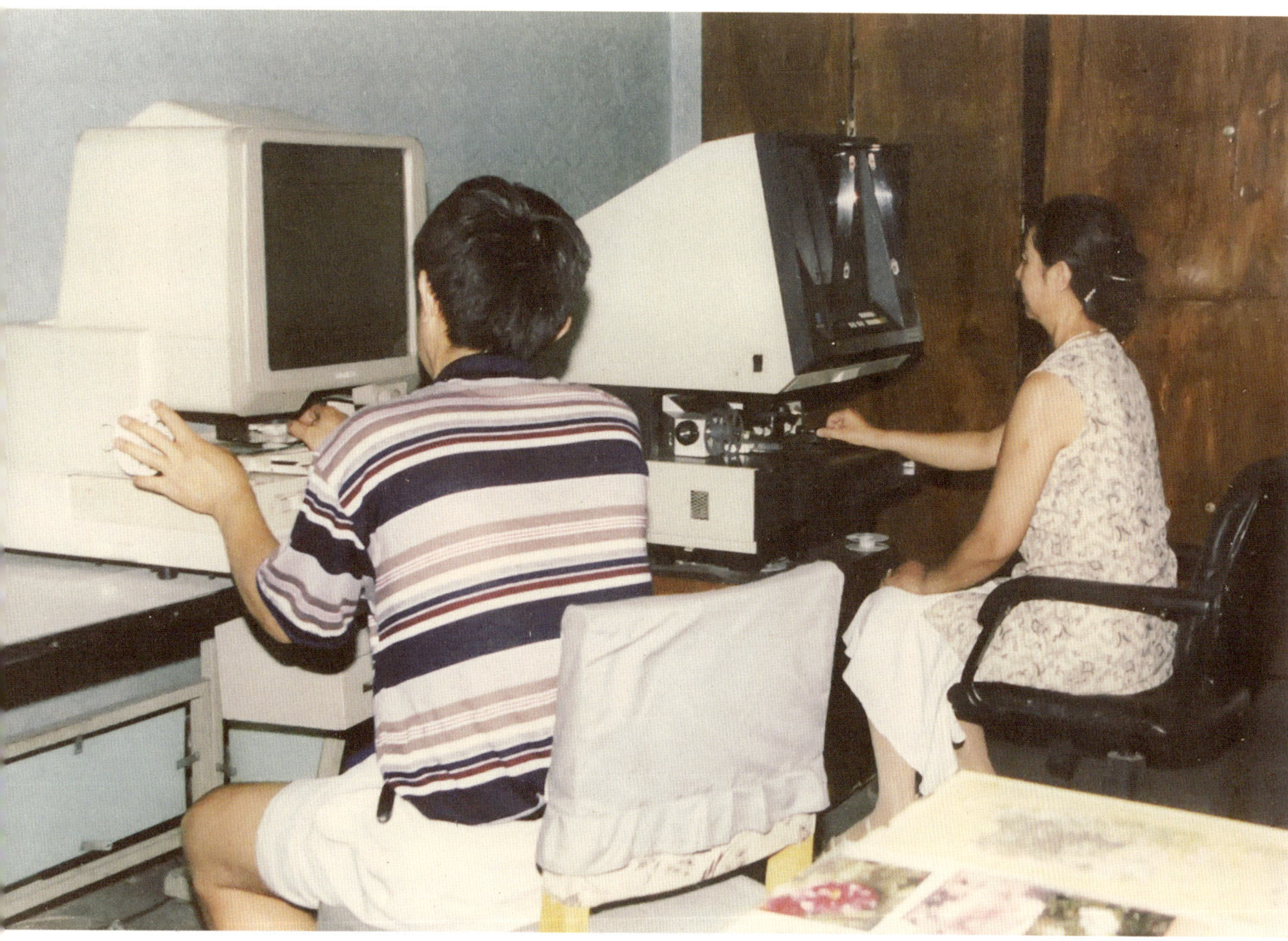

湖南图书馆

1983年，湖南图书馆被确定为第一批参加缩微文献抢救工作的成员馆。1985年开始，在全国图书馆文献缩微复制中心的统一规划和管理下，经过十年的艰苦工作，湖南图书馆完成了建国前三大文献的缩微拍摄工作。之后，湖南图书馆开始对建国后地方性报纸、民国时期图书、普通古籍开展缩微抢救工作，参与建立全国“公共图书馆缩微品文献书目数据库”。近年来，湖南图书馆自筹经费购买了较为先进的缩微胶片阅读器、胶片扫描仪等设备，逐步完善了图书馆的服务功能，为社会提供更好、更便捷的服务。

截至2014年5月，湖南图书馆共拍摄文献2828种2408130拍，其中善本古籍932种855527拍，期刊842种756041拍，报纸121种678459拍，民国书933种118103拍。

1 | 2

1. 1997年，湖南图书馆员工在学习维修设备

2. 2010年，全国公共图书馆缩微技术培训班成员合影

广东省立中山图书馆

作为全国图书馆文献缩微复制中心成员馆，广东省立中山图书馆在缩微中心的统筹协调下，自1986年开始利用缩微技术抢救、保护了大批珍贵文献。同时，广东省立中山图书馆缩微文献的读者服务工作水平也逐级提升。1999—2001年，读者主要通过缩微阅读器进行查阅；2002—2006年，开始利用计算机提供缩微文献阅读；2007年以后，实现全部通过计算机终端提供缩微文献阅读的目标。年度读者数量从2000年的19人次，增加到2011年的1268人次，广受读者称赞。

截至2014年5月，广东省立中山图书馆共拍摄文献3055种2255821拍，其中善本古籍659种348312拍，期刊1010种819899拍，报纸200种990966拍，民国书1186种96644拍。

1
—
2

1. 广东省立中山图书馆已拍摄的报纸原件

2. 1996年在广州市召开的技术部主任工作会议与会人员合影

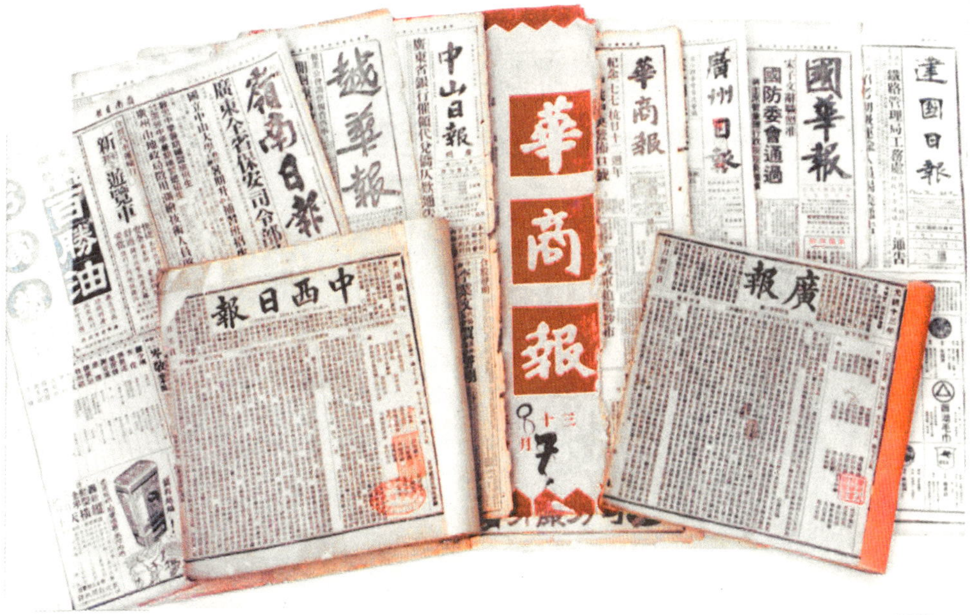

中西日報
華商報
廣報
越華報
嶺南日報
中山日報
華商報
廣州日報
國華報
建國日報

四川省图书馆

自1983年9月文化部图书馆局在成都召开公共图书馆系统缩微复制工作座谈会之后，四川省图书馆正式启动对缩微文献拍摄的调研工作。1985年6月初，四川省图书馆首先完成了由国务院古籍整理出版小组委托的馆藏《洪武南藏》珍善本图书拍摄工作。此后，四川省图书馆严格按照全国图书馆文献缩微复制中心的要求，与全国各兄弟成员馆通力合作，开展了祖国珍贵文化遗产的大规模抢救工作。

经过30年的不懈努力，截至2014年5月，四川省图书馆共拍摄文献2208种2206967拍，其中善本古籍227种503606拍，期刊1797种762991拍，报纸184种940370拍。通过文献缩微工作，四川省图书馆极大地丰富了自身馆藏，为向读者提供优质服务打下了坚实的文献基础。

1 | 2

1. 四川省图书馆工作人员缩微拍摄报纸文献
2. 1989年缩微中心在成都召开期刊工作研讨会

重庆图书馆

作为全国图书馆文献缩微复制中心成员馆，重庆图书馆积极投入到由缩微中心统一规划的缩微复制工作之中。

基于自身馆藏特点，重庆图书馆将缩微拍摄工作的重点放在古籍善本和民国报刊上。在拍摄馆藏珍贵文献的同时，重庆图书馆还从全国图书馆文献缩微复制中心精心选购了部分抗战时期报纸的缩微胶卷，以补充馆藏。如今，重庆图书馆利用这些珍贵的抗战资料，为从事抗战时期大后方研究的读者提供了丰富的史料，深受广大读者的好评。

进入新世纪以来，随着新兴技术的出现，重庆图书馆采用了数字扫描等新的文献抢救和保护手段，调拨两名专职人员继续从事缩微胶片的数字化转换工作，目前已转换古籍善本及方志386卷。

截至2014年5月，重庆图书馆共拍摄文献1643种2125704拍，其中善本古籍779种575960拍，期刊683种775807拍，报纸106种769250拍，民国书75种4687拍。

1 | 2

1. 重庆图书馆
2. 缩微阅览室的读者

天津图书馆

自 1986 年成为全国图书馆文献缩微复制中心第一批成员馆以来，天津图书馆陆续引进缩微加工设备，并于1987年正式开展缩微文献抢救工作，抢救对象主要为天津图书馆收藏的古籍善本、地方文献、明清小说、民国书等特色文献。

长期以来，天津图书馆十分重视缩微技术的发展，于 2009 年自主研发“缩微影像数据库”系统。该系统以传统缩微制品为基础，集影像数据加工、网上发布及检索阅览等功能于一体，有效提升了缩微制品的使用率，填补了我国缩微品数字化建设的空白。如今，天津图书馆已利用该系统完成缩微文献影像扫描、加工和数据著录21万拍，制作完成“天津图书馆缩微文献影像数据库”（一期）成品并上网发布供读者检索利用。

截至2014年5月，天津图书馆共拍摄文献7450种3704270拍，其中善本古籍1622种1020025拍，期刊551种1664876拍，报纸50种392013拍，民国书5227种627356拍。

1 | 2

1. 天津图书馆“缩微文献影像数据库建设标准的研究”项目验收会现场

2. 天津图书馆缩微资料加工中心

缩微资料加工中心
Micro-processing Center

湖北省图书馆

作为全国图书馆文献缩微复制中心的首批成员馆，湖北省图书馆缩微拍摄工作成绩显著，其缩微拍摄数量、质量、优质品率均在全国公共图书馆中名列前茅，受到文化部和缩微中心的表彰，并数次荣获“全国缩微工作先进集体”称号；多位工作人员荣获“全国公共图书馆文献抢救工作先进个人”“全国缩微工作先进管理者”“全国缩微工作先进个人”的称号。

湖北省图书馆立足馆藏文献，有计划、有步骤地拍摄善本古籍、民国文献，以及建国后地方报纸。截至2014年5月，湖北省图书馆共拍摄文献4809种2508230拍，其中善本古籍1095种798664拍，期刊288种462930拍，报纸94种818456拍，民国书3332种428180拍。与此同时，湖北省图书馆建立了缩微品数据库，至今已收录缩微品书目数据4724条，其中古籍1095条，报纸91条，期刊289条，民国书3249条。

1 | 2

1. 湖北省图书馆
2. 2001年缩微中心在湖北省图书馆举办M2拍照机维修培训班

浙江图书馆

1986年，浙江图书馆成为全国图书馆文献缩微复制中心的成员馆，正式投入到由缩微中心统一规划的公共图书馆缩微工作之中，利用缩微拍照手段抢救建国前报纸、期刊和古籍善本等文献资料。

从2002年12月开始，浙江图书馆根据全国图书馆文献缩微复制中心有关民国调研工作的要求，开始民国书调研的数据套录及新建工作，至2006年3月共完成套录数据23163条，新建民国数据9719条。从2006年至今，浙江图书馆共拍摄民国书419种72卷50181拍，优质率近90%。有关人员多次获得“缩微先进工作者”称号。

截至2014年5月，浙江图书馆共拍摄文献2192种1553114拍，其中善本古籍1180种599815拍，期刊536种629574拍，报纸57种273849拍，民国书419种49876拍。

1. 浙江图书馆工作人员在保养缩微设备
2. 浙江图书馆

甘肃省图书馆

1986年，在全国图书馆文献缩微复制中心的指导下，甘肃省图书馆成立以邵国秀副馆长为组长的甘肃省图书馆文献缩微工作小组，在全国图书馆文献缩微复制中心和甘肃省图书馆历任领导的关心和帮助下，克服资金短缺、设备老化、技术人员严重不足等困难，开展缩微工作。

二十多年来，甘肃省图书馆缩微拍摄工作以西北地方文献为特色资源。截至2014年5月，甘肃省图书馆共拍摄文献2182种1082228拍，其中善本古籍525种270635拍，期刊340种353769拍，报纸41种277615拍，民国书1276种180209拍。

1 | 2

1. 甘肃省图书馆的缩微胶卷库
2. 甘肃省图书馆的缩微阅读室

贵州省图书馆

贵州省图书馆的缩微拍摄工作始于1986年，从1987至1989年先后拍摄了《贵州公报》《铎报》《黔报》《达德周刊》等地方文献。1990年，贵州省图书馆正式成为全国图书馆文献缩微复制中心的拍摄成员馆。

自1991年以来，贵州省图书馆先后多次派专业人员参加全国图书馆文献缩微复制中心举办的各种缩微学习班以及年度工作会议，有力地保障了缩微工作的开展。随着软硬件水平的逐步提升，贵州省图书馆拍摄缩微胶卷的母片优质率自1992年起逐年上升，到1995年已达65. 4%，为当年全国各拍摄成员馆的第一名，1996年优质品率达70%以上。受全国图书馆文献缩微复制中心委派，贵州省图书馆派遣多名业务骨干到其他图书馆开展整理、著录、拍摄的技术指导，还代为拍摄民国期刊、民国报纸等文献近千种。

截至2014年5月，贵州省图书馆共拍摄文献1132种488904拍，其中善本古籍132种20330拍，期刊77种195790拍，报纸32种166640拍，民国书891种106144拍。

1 | 2

1. 2003年缩微中心在贵阳市召开技术部主任会议

2. 贵州省图书馆工作人员检查胶片

河南省图书馆

河南省图书馆最初只是全国图书馆文献缩微复制中心的资料提供馆。1996年，在相关领导的高度重视下，河南省图书馆先后配备了缩微摄影全套设备和缩微胶片阅读机，设立专门的缩微阅览室，使得缩微工作有了质的飞跃。在十余年的文献抢救工作中，河南省图书馆缩微部门多次被全国图书馆文献缩微复制中心授予“先进集体”的光荣称号。馆内涌现出一批技术骨干，其中吕峰、崔超滢、罗先花等人多次被文化部图书馆司、全国图书馆文献缩微复制中心授予荣誉称号。

截至2014年5月，河南省图书馆共拍摄文献5776种907991拍，其中善本古籍178种87074拍，期刊48种21806拍，报纸12种140249拍，民国书5538种658862拍。

1
—
2

1. 河南省图书馆荣获的各种奖状
2. 河南省图书馆领导在视察缩微文献保护工作

奖状
奖状
奖状
河南省图书馆：
贵馆 2006-2007 年度缩微工作成绩突出，
特予以表彰。
全国图书馆文献缩微复制中心
2008 年 4 月 10 日

安徽省图书馆

1987—1993年，安徽省图书馆是全国图书馆文献缩微复制中心的资料提供馆。自1994年起，在全国图书馆文献缩微复制中心的关心和重庆图书馆的支援下，安徽省图书馆缩微工作室正式开展文献拍摄工作。

至今，安徽省图书馆已拍摄本馆的大量珍贵文献，如《休宁孚潭志》《新安名族志》《本朝圣政捷录》等古籍善本；《安徽日报》《拂晓报》等在本省颇具影响的报纸。2001年起，安徽省图书馆拍摄馆藏的民国书刊，并完成馆藏民国时期图书数据库的建立。2004年起，安徽省图书馆开设缩微品阅览室，逐步扩展服务类型，并于2008年建立特色馆藏“安徽省地方文献胶片库”。2010年，安徽省图书馆完成“安徽省民国时期方志影像数据库”的建设，至今已实现 2 万多张胶卷数字化转换工作。

自2000年以来，安徽省图书馆拍摄的优质品率均达到85%以上，多次受到全国图书馆文献缩微复制中心的表彰。

截至2014年5月，安徽省图书馆共拍摄文献3292种1145939拍，其中善本古籍316种135212拍，期刊271种62478拍，报纸40种596364拍，民国书2665种351885拍。

1
—
2

1. 安徽省图书馆及工作人员多次荣获的各种奖状与荣誉证书
2. 安徽省图书馆缩微文献工作室影印出版的地方志文献

奖
安徽省图书馆：
奖
安徽省图书馆：
奖状
安徽省图书馆：
贵馆2008-2009年度缩微工作成绩突出，
特予以表彰。
全国图书馆文献缩微复制中心
2010年4月12日
先进个
荣誉证书
荣誉证书
荣誉证书
荣誉证书
荣誉证书

徽州名族志
徽州名族志
MICROFILM
缩微胶卷

福建省图书馆

1986年，福建省图书馆成为全国图书馆缩微复制中心的资料馆，1995年，成为全国图书馆文献缩微复制中心的拍摄馆。1996年5月，福建省图书馆启动缩微品的拍摄和整理工作。与此同时，福建省图书馆还积极开展缩微品阅读服务工作。截至2011年年底，福建省图书馆共收藏缩微品4830种。随着文献数量的递增和服务工作的完善，读者阅读量大幅度提升。2011年全年共接待读者878人次，查阅缩微品数达1378卷。

2006年，福建省图书馆开始将馆藏缩微文献转换成缩微数字文献。至2011年年底，已转换《江声报》《福建日报》等8种报纸，近13万画幅。目前，在继续开展文献抢救工作的基础上，缩微部已经形成了“以福建地方资料、家族谱、易学研究、东南亚及台湾资料为收藏重点”的特色化馆藏资源服务。

近年来，福建省图书馆文献缩微部努力工作，成绩突出，2008年被缩微中心授予部门集体奖，两位同志获得先进个人荣誉称号。

截至2014年5月，福建省图书馆共拍摄文献2107种542662拍，其中善本古籍507种191666拍，期刊174种120475拍，报纸4种117843拍，民国书1422种112678拍。

1 | 2

1. 缩微胶卷拍摄前的文献登记
2. 读者在查阅缩微文献

苏州图书馆

1986年，苏州图书馆成为全国图书馆文献缩微复制中心成员馆之一，开始进行珍贵文献的复制工作，并积极配合全国图书馆文献缩微复制中心进行珍贵文献的出版工作。1995年，缩微中心根据苏州图书馆馆藏影印出版了《太平天国资料三种》一书（《雪烦山房日记》，清徐僖撰稿本；《餐芍花馆日记》，清周腾虎撰稿本；《秣营琐记》，清赵烈文撰稿本），为太平天国史的研究提供了重要参考资料。2008年，苏州图书馆耗资十余万元购买了缩微胶卷转换设备，开展缩微胶片数字化工作。目前，馆内已建立起缩微文献数据库，囊括了馆藏古籍缩微胶卷和民国报纸缩微胶卷，读者可以在古籍阅览室查询、检索相关文献资料，享受资源共享成果。

截至2014年5月，苏州图书馆共拍摄善本古籍166种74026拍，以苏州地方文献为主。

1 | 2

1. 读者在利用缩微胶卷数字化文献库查阅资料
2. 苏州图书馆古籍楼

江西省图书馆

作为全国图书馆文献缩微复制中心成员馆之一，江西省图书馆起初并未配备文献缩微拍摄设备，只是作为资料提供馆开展馆藏文献整理、配合兄弟馆拍摄补缺文献等工作，协助南京图书馆、湖北省图书馆、贵州省图书馆共同完成拍摄工作。1997年，在全国图书馆文献缩微复制中心的帮助下，江西省图书馆配置了一套文献缩微拍摄设备，正式作为拍摄馆开始应用缩微技术进行文献的保护和利用。

截至2014年5月，江西省图书馆共拍摄文献248种358181拍，其中期刊202种103827拍，报纸46种254354拍。与此同时，江西省图书馆还编制了《中文缩微品目录》和《江西省图书馆馆藏民国时期期刊篇目汇编》，方便读者检索与利用馆藏缩微文献资源。

1 | 2

1. 读者在缩微阅览室查阅文献

2. 江西省图书馆编印的缩微品目录

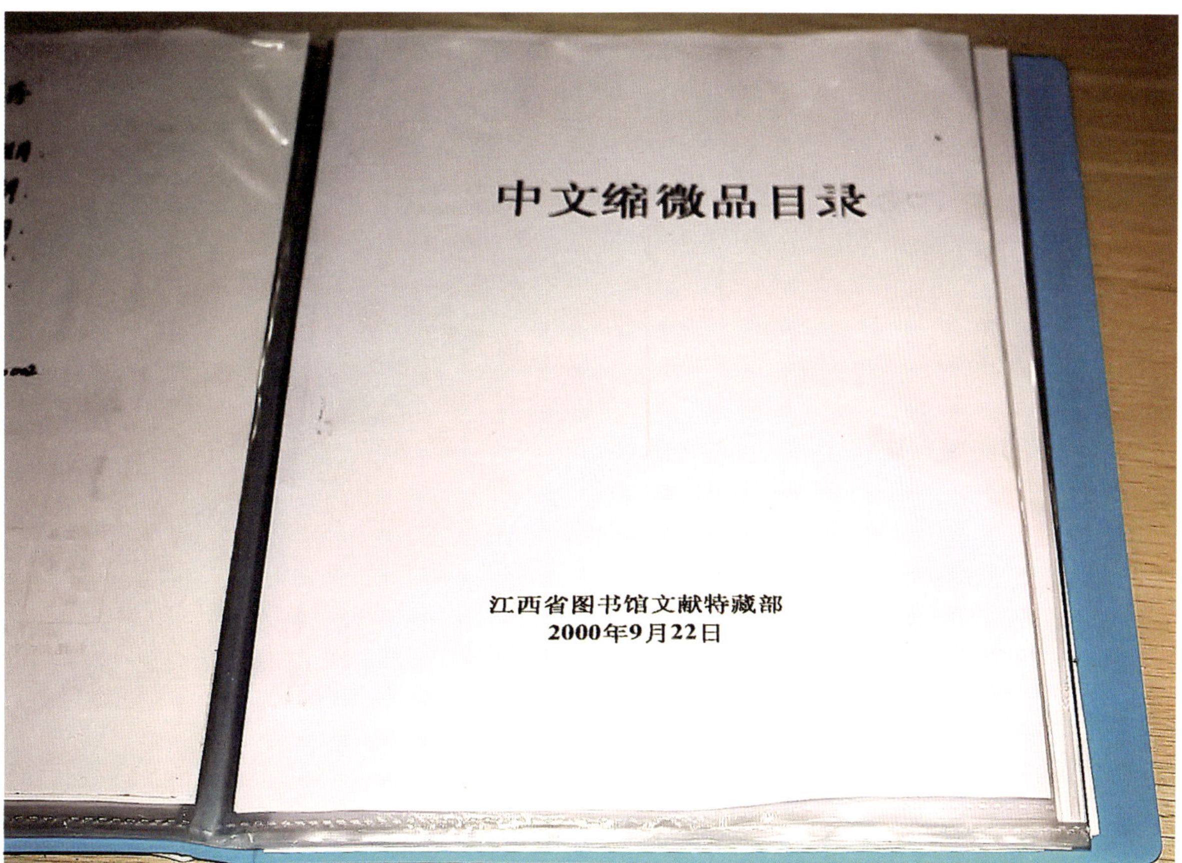

广西壮族自治区图书馆

1998年10月，广西壮族自治区图书馆成立文献缩微摄制组，是广西唯一系统化和专业技术化的文献缩微机构。经过13年的摸索和积累，广西图书馆文献缩微复制工作取得了一定的成果。

近些年来，广西壮族自治区图书馆的缩微品入藏量逐步增加，目前已入藏各类缩微文献905卷，包括《南宁民国日报》桂林《大公报》《广西通志》《浔州府志》等地方志，《王文成公全书》等古籍善本，建国前的中文期刊《广西民政》等。在丰富馆藏资源的同时，广西图书馆积极为党史办、县志办、大专院校学生等读者服务，提供翔实的文献资料。

截至2014年5月，广西壮族自治区图书馆共拍摄报纸51种213680拍，主要为1950—2005年《桂林日报》《柳州日报》等广西地方报纸。

1

—

2

1. 2011年全国公共图书馆缩微技术培训班在广西图书馆举办

2. 工作人员在缩微拍摄报纸文献

2011年全国公共图书馆缩微技术培训班
2011年全国公共图书馆
缩微技术培训班
全国图书馆文献缩微复制中心主办
广西壮族自治区图书馆承办

黑龙江省图书馆

2005年，黑龙江省图书馆成立新馆，购置了全套缩微胶卷拍摄设备并于2010年加入全国图书馆文献缩微复制中心。在馆领导的重视下，黑龙江省图书馆先后改造了缩微拍摄室与缩微胶片冲洗室，并配备4名工作人员进行缩微拍摄工作。

截至2014年5月，黑龙江省图书馆共计拍摄抢救民国图书438种69716拍。黑龙江省图书馆还拥有其他馆藏缩微制品531件，其中缩微胶卷21种296卷，包括：《生活报》《哈尔滨公报》《康德新闻》《远东报》《滨江日报》《滨江时报》《国际协报》《大北新报》《午报》《哈尔滨五日画报》《哈尔滨午报》《嫩江日报》《嫩江农民》《黑龙江日报》《齐市新闻》《工商日报》《新黑龙江报》《庄稼人》《牡丹江日报》《盛京时报》《拜泉县志》、论文集等。

1
—
2

1. 黑龙江省图书馆员工在拍摄缩微文献
2. 黑龙江省图书馆员工在查看缩微文献质量

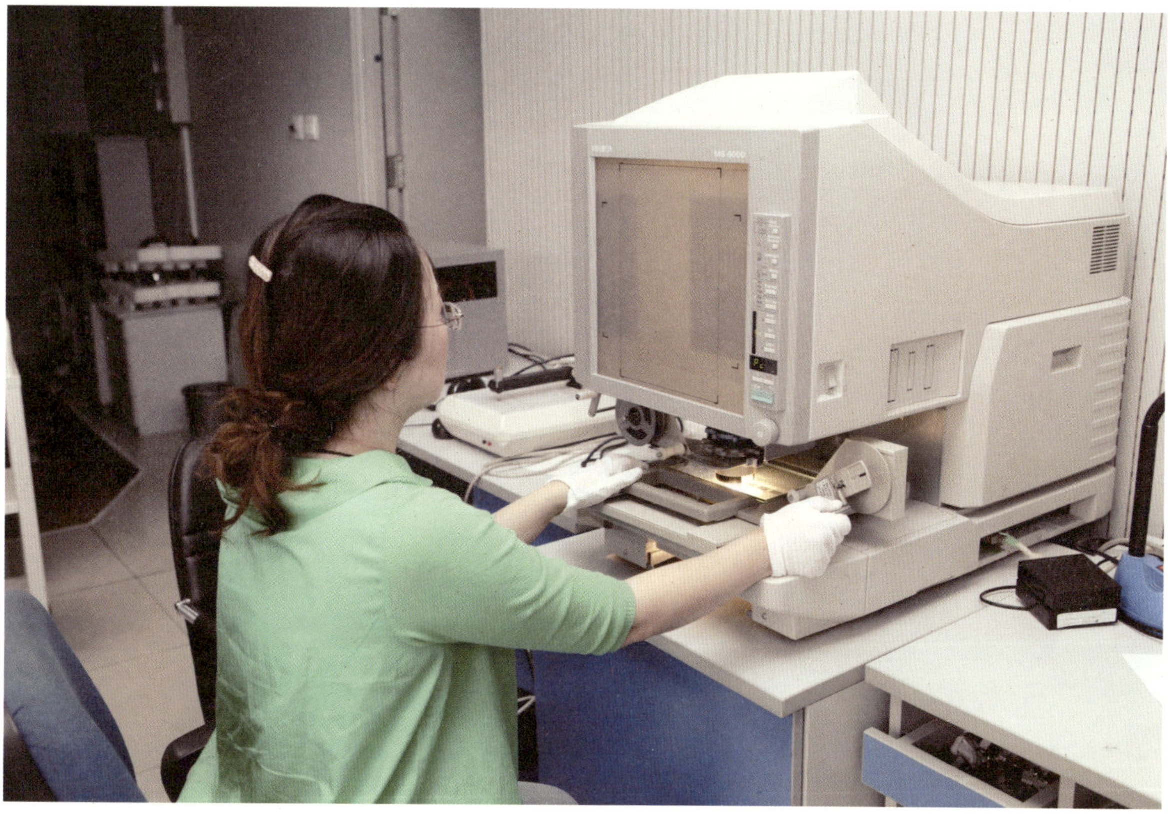

建功立业

成就篇

30年来，在中央领导和有关部门的关心和支持下，缩微中心及各成员馆不懈努力，共抢救珍贵文献近15万种，同时不断推动缩微技术的发展及创新应用，在保护和传承中华文化、推动文化的大发展大繁荣等方面发挥了积极的作用。

文献抢救　硕果累累

自1985年起，缩微中心及各成员馆利用缩微技术，共抢救拍摄各类珍贵文献总计149860种，以影印书形式抢救珍贵文献300余种。

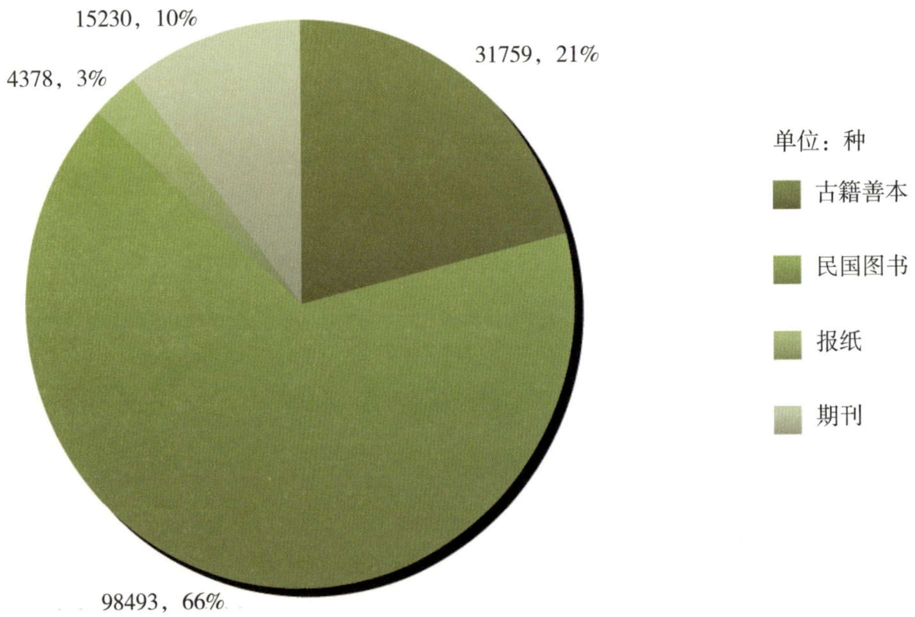

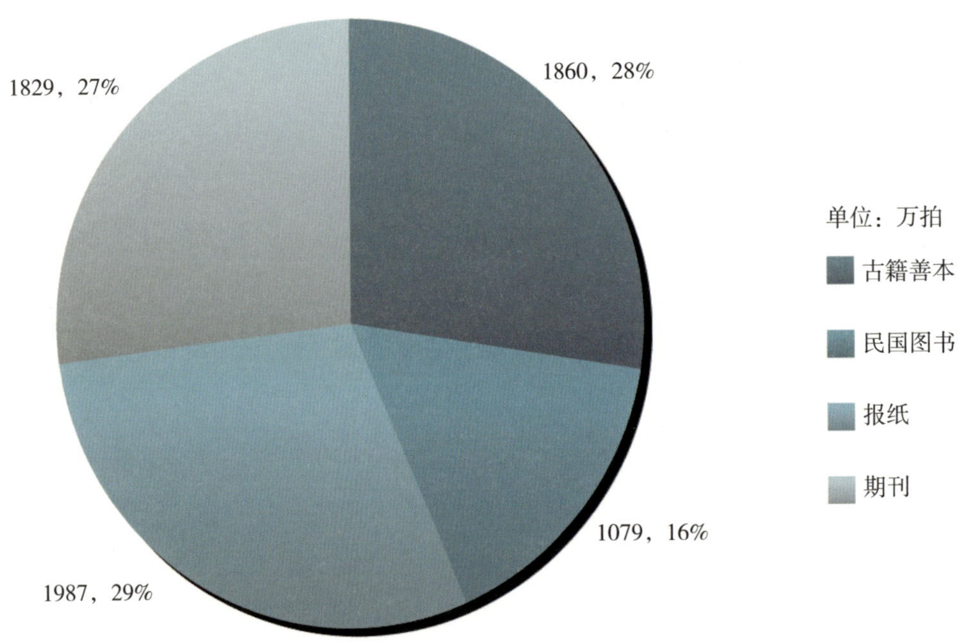

缩微中心影印出版的几种书籍

各馆摄制的精品文献

《赵城金藏》

1938年2月，日本侵略军占领赵城。为防日军掠夺，广胜寺僧众将《赵城金藏》砖砌封存于广胜寺飞虹塔内。1942年4月，日本政府派遣“东方文化考察团”到赵城活动，并扬言要在5月2日上飞虹塔游览。为了《赵城金藏》的安全，广胜寺向八路军求助。在时任太岳军区政委薄一波指示下，军分区、县游击大队和僧众配合，于4月27日夜紧急将《赵城金藏》运出。在接下来的5月反“扫荡”中，地委机关转移，全部经卷装在包袱中，由马驮人背，与敌人周旋于崇山峻岭之间。反扫荡战斗结束以后，经卷被藏在山洞、废煤窑内。由于渗水潮湿，部分经卷受潮发霉，黏结成碳棒状。

抗日战争胜利后，此经交当时北方大学保管。1949年北平解放后，根据中央人民政府指令，《赵城金藏》运至北平，交北平图书馆收藏。

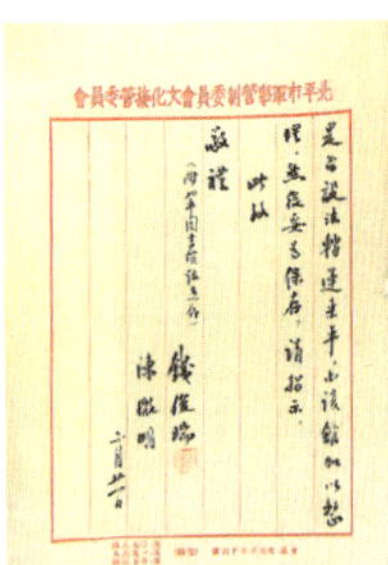
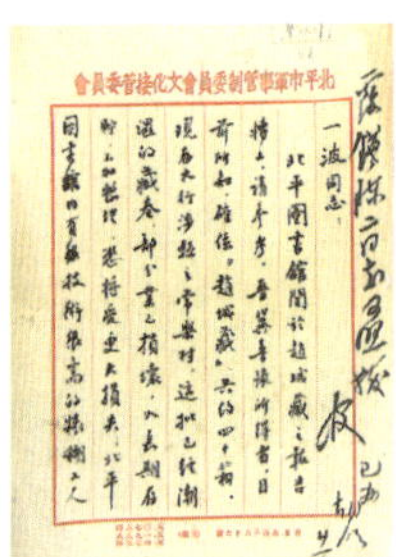

钱俊瑞、陈微明关于调拨《赵城金藏》的请示
（薄小莹捐赠）

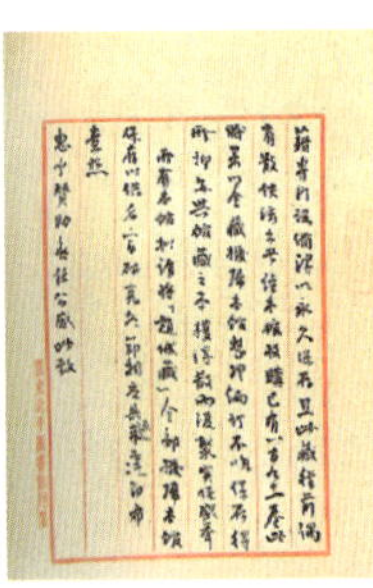
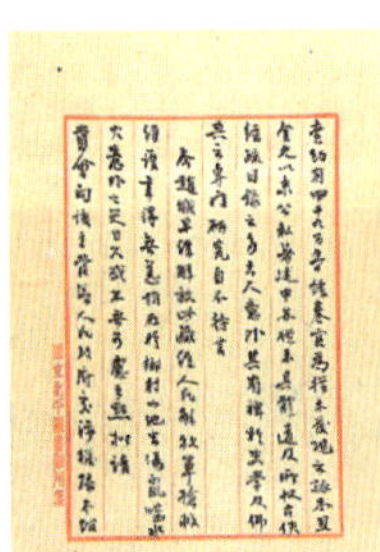
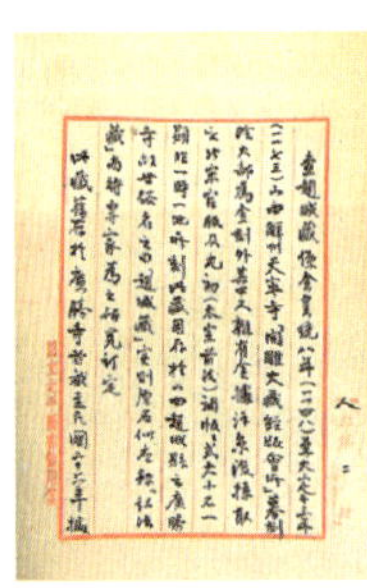

国立北平图书馆关于请求调拨《赵城金藏》的报告
（薄小莹捐赠）

《赵城金藏》与《永乐大典》、《四库全书》、《敦煌遗书》一同被誉为国家图书馆四大镇馆之宝。

《赵城金藏》以我国第一部木刻版汉文大藏经《开宝藏》和少部分《契丹藏》为底本，历时三十年完成。因其刻于金代，1933年被发现于山西赵城县（今洪洞县）广胜寺而得名。《赵城金藏》现留存近五千卷，较为完整，是传世孤本，稀世瑰宝。

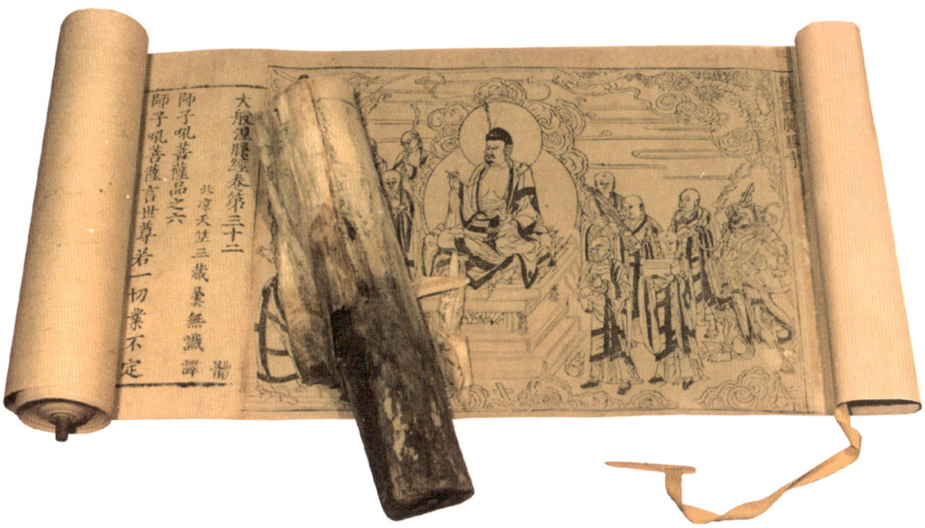

《赵城金藏》是新中国成立后第一个由国家拨款的大型古籍整修项目。1949年,《赵城金藏》交付北平图书馆时，因多年保存条件恶劣，多数经卷潮烂断缺，粘连成块，十之五六已经不能打开。国家专门调来4位富有经验的装裱老师傅帮助修复，历时近17年，终于在1965年修复完毕。

从1984年开始，在任继愈先生主持下，中华大藏经局以《赵城金藏》为底本，整理并出版了《中华大藏经》（汉文部分），使这部稀世珍宝《赵城金藏》得以广泛流传。

为了更好地保护《赵城金藏》，使其传承永久，同时为学术研究提供珍贵的原始文献资料。国家图书馆藏《赵城金藏》现已全部拍摄成缩微胶片。2008年，依据缩微胶片影印的《赵城金藏》由北京图书馆出版社出版。

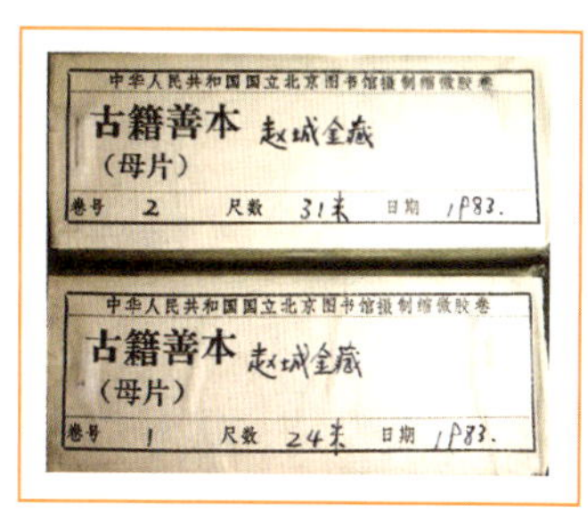

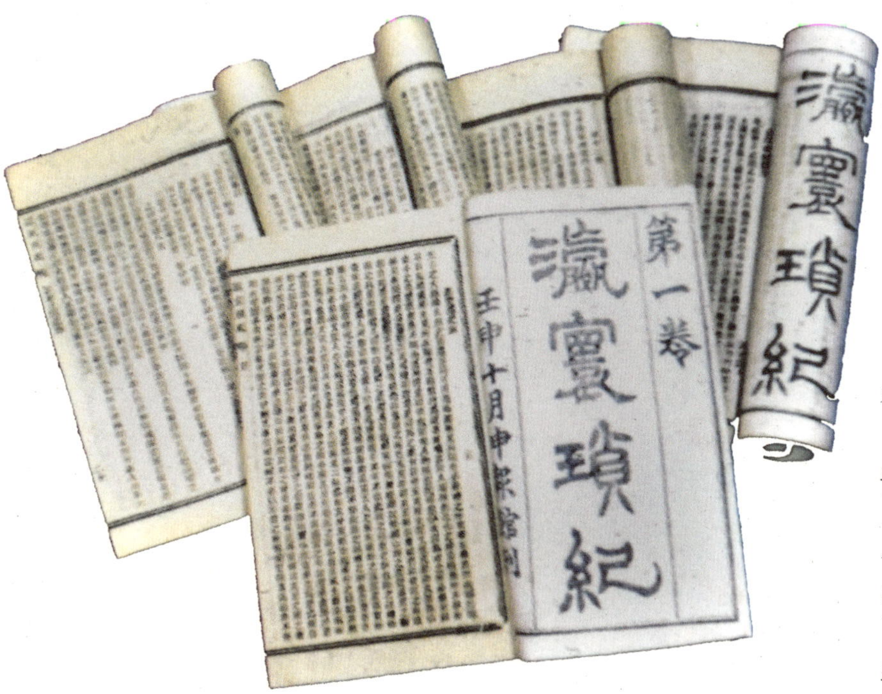

1　3

2　4

1.《五经四书大全》　天津图书馆摄制

2. 最早文学刊物《瀛寰琐纪》　国家图书馆摄制

3.《新锲徽本图像音释崔探花合襟桃花记》　国家图书馆摄制

4.《春秋诸国统纪》　辽宁省图书馆摄制

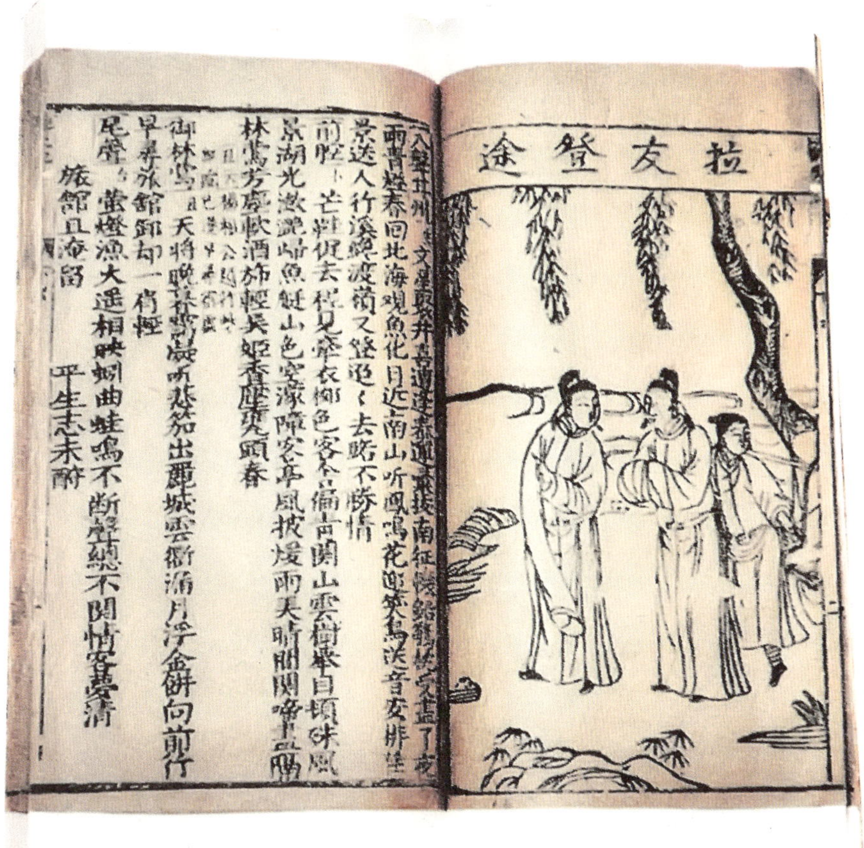

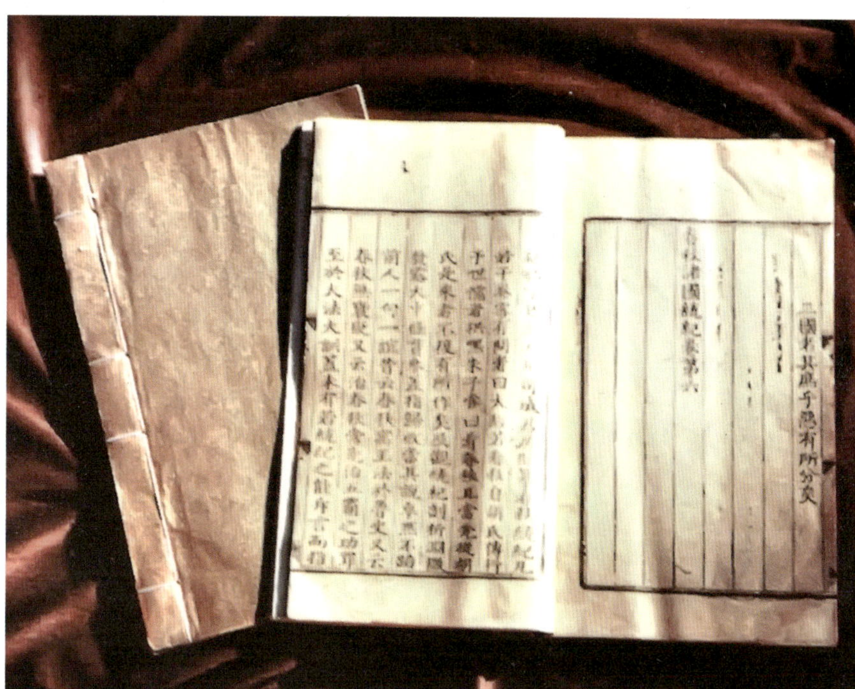

1 | 3
2 |

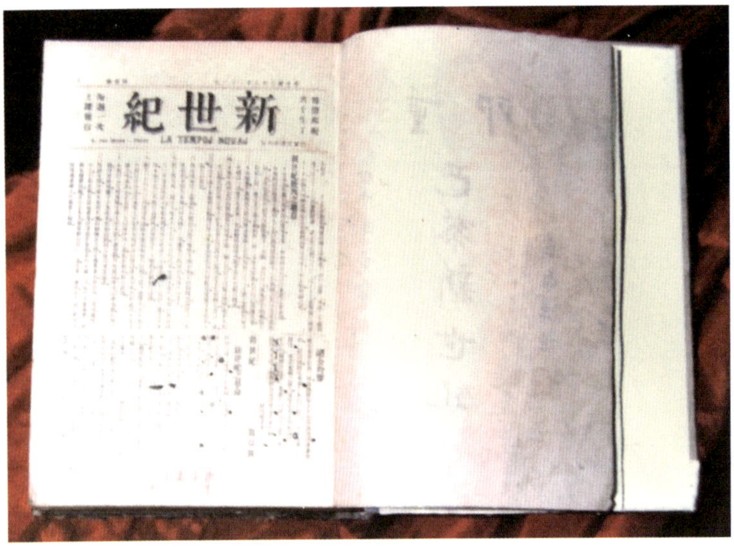

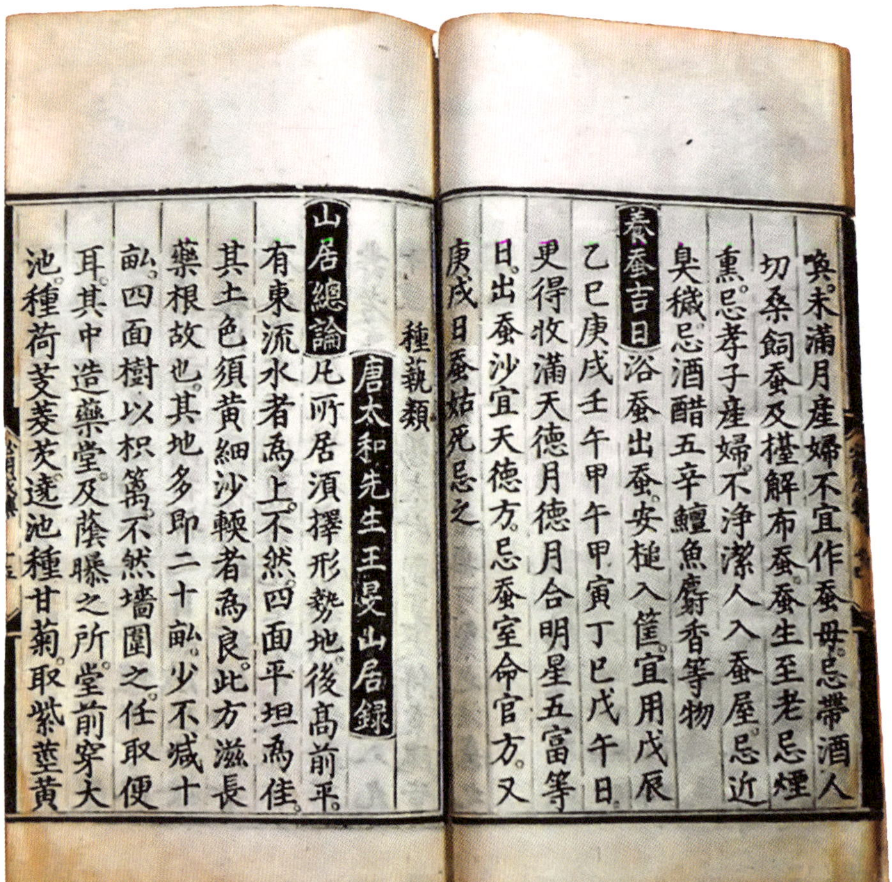

蠶未滿月産婦不宜作蠶母忌帶酒人切桑飼蠶及擡解布蠶蠶生至老忌煙熏忌孝子産婦不浄潔人入蠶屋忌近臭穢忌酒醋五辛鱣魚麝香等物

養蠶吉日　浴蠶出蠶安槌入篚宜用戊辰乙巳庚戌壬午甲午甲寅丁巳戊午日更得收滿天德月德月合明星五富等日出蠶沙宜天德方忌蠶室命官方又庚戌日蠶姑死忌之

種蓺類

山居總論　唐太和先生王旻山居録

凡所居須擇形勢地後高前平有東流水者為上不然四面平坦為佳其土色須黄細沙輭者為良此方滋長藥根故也其地多即二十畝少不減十畝四面樹以枳籬不然墻圍之任取便耳其中造藥堂及蔭縢之所堂前穿大池種荷芰菱芡遶池種甘菊取紫莖黄

1.《新世纪》　湖北省图书馆摄制

2.《居家必用事类全集》　国家图书馆摄制

3. 1990年，第五次全国图书馆文献缩微工作会议向先进集体和个人颁奖

集智聚力　规模空前

从1985年开始的全国图书馆文献缩微工作，规模空前。在缩微中心的统一安排、部署下，工作人员不辞辛劳、兢兢业业，为保护祖国的文化遗产倾注心血、挥洒汗水。

缩微中心的工作人员为抢救拍摄珍贵文献，足迹遍及全国，曾创造出9天奔波11地，无一天在旅馆住宿的出差纪录。

很多公共图书馆为保证缩微拍摄工作的顺利进行，打开了一向封闭的书库，让工作人员入内挑选可供拍摄的文献。

报纸是最难保存的文献之一。很多原件在20世纪80年代已严重毁损。如果当时没有及时开展缩微抢救工作，有些报纸早已因损蚀而缺失内容，不能为读者提供阅览服务了。

1
—
2

1. 工作人员进行报纸拍摄前整理
2. 已整理好待拍摄的报纸

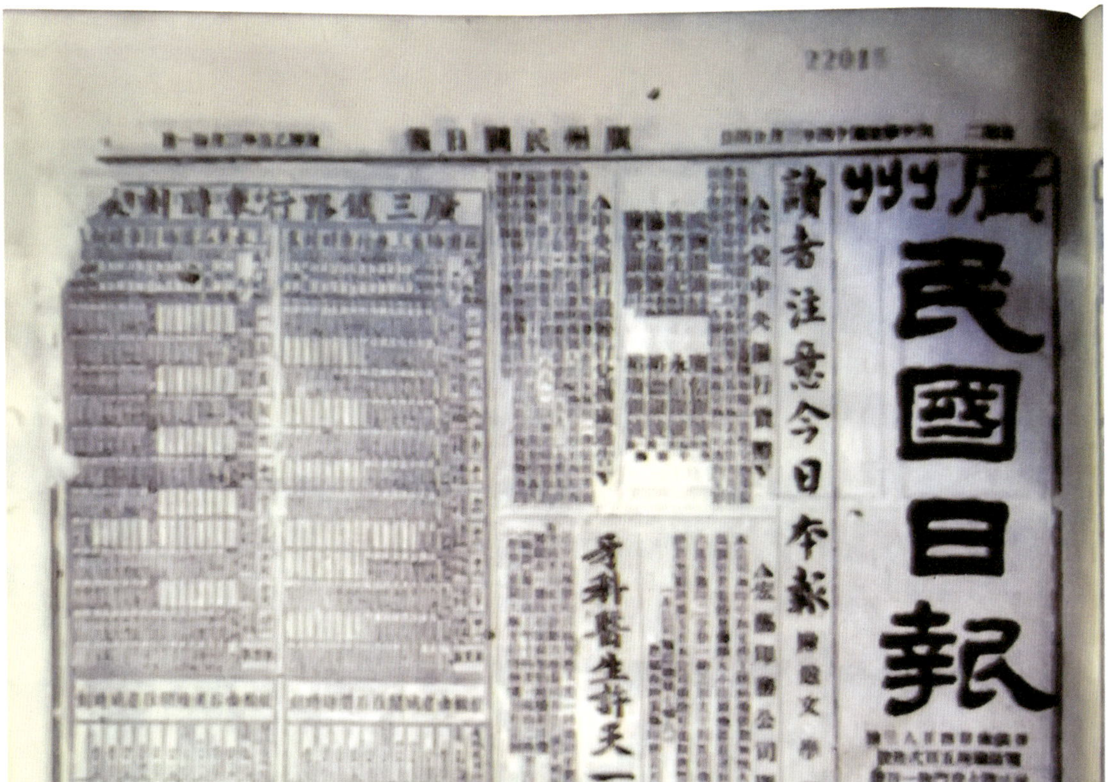
22015

廣州民國日報

請讀者注意今日本報

廣三鐵路行車時刻表

專科醫生許天一

1. 20世纪80年代拍摄的广东省立中山图书馆藏《广州民国日报》
2. 20世纪80年代拍摄的辽宁省图书馆藏《盛京时报》
3. 山东省图书馆拍摄的《大众报》

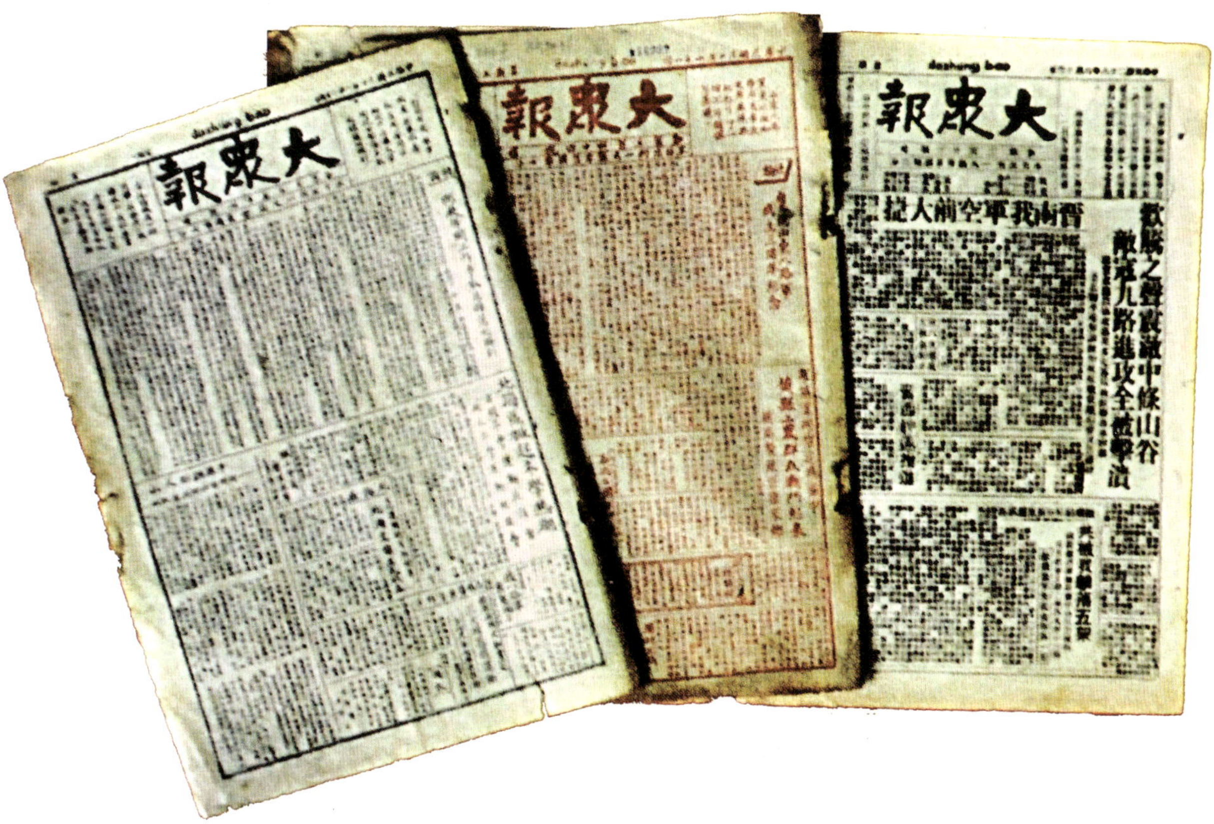

馆藏补缺　成就斐然

在抢救拍摄历史文献的同时，缩微中心统一规划，统一协调，由各图书馆调派人员，开展了大规模的文献补缺工作。多年来缩微中心共补缺报纸1180种，224万余版，期刊上千种，近2万期，完成了过去各馆想做而做不到的事情，使各馆因历史原因残缺不齐的文献得以补充，提高了文献的史料价值和馆藏质量，为公共图书馆的文献资源建设，做出了不可估量的贡献。

1 | 2

1. 当年用于存放旧报纸的皮箱
2. 查看补来的报纸

上海图书馆采取缩微胶片还原纸质文献的方法，用4年时间，在全国范围内开展报纸补缺工作，共补到1. 8万余天，近70万版的早期报纸。如《时事新报》原仅存14天，补缺后达到814天；《神州日报》原存31天，补缺610天。与此同时，上海馆也为其他图书馆提供了10万版报纸。

《全国中文报纸联合目录》等工具书的出现，使工作人员得以按图索骥，有的放矢，保证了馆藏补缺工作的顺利进行。

馆藏补缺工作得到了全国各有关单位的大力支持。天津图书馆为拍摄《新华月报》，向北京图书馆（今国家图书馆）求援，但北京图书馆的《新华月报》也存在缺期情况，便向新华社求援。工作人员讲清用途及意义后，新华社立即派人查找原件，并派专人送到北图。

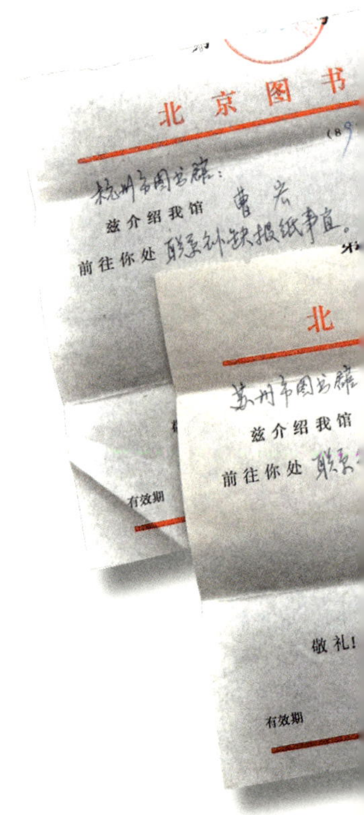

1 | 2 | 3

1. 补缺清单
2. 补缺报刊介绍信
3. 缩微中心开具的介绍信

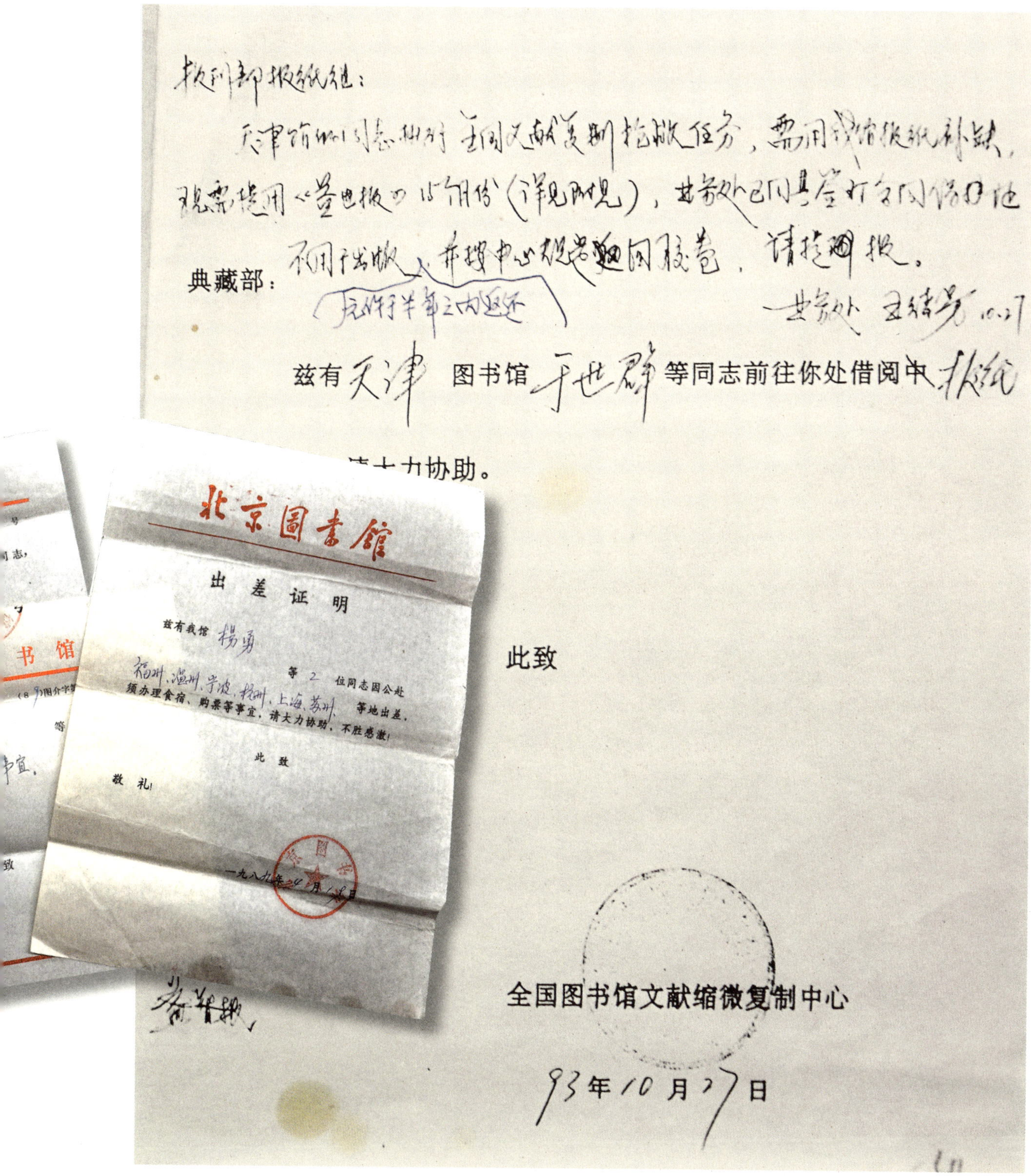

报刊部报纸组：

天津馆的同志们为了全国文献复制抢救任务，需用我馆报纸补缺，现需借用《益世报》15册份（详见附件），……

典藏部：……

兹有 天津 图书馆 于世群 等同志前往你处借阅中 报纸

请大力协助。

此致

全国图书馆文献缩微复制中心

93年10月27日

北京图书馆

出差证明

兹有我馆 杨勇 等 2 位同志因公赴 福州、温州、宁波、杭州、上海、苏州 等地出差，须办理食宿、购票等事宜，请大力协助，不胜感激！

此致

敬礼！

一九八九年

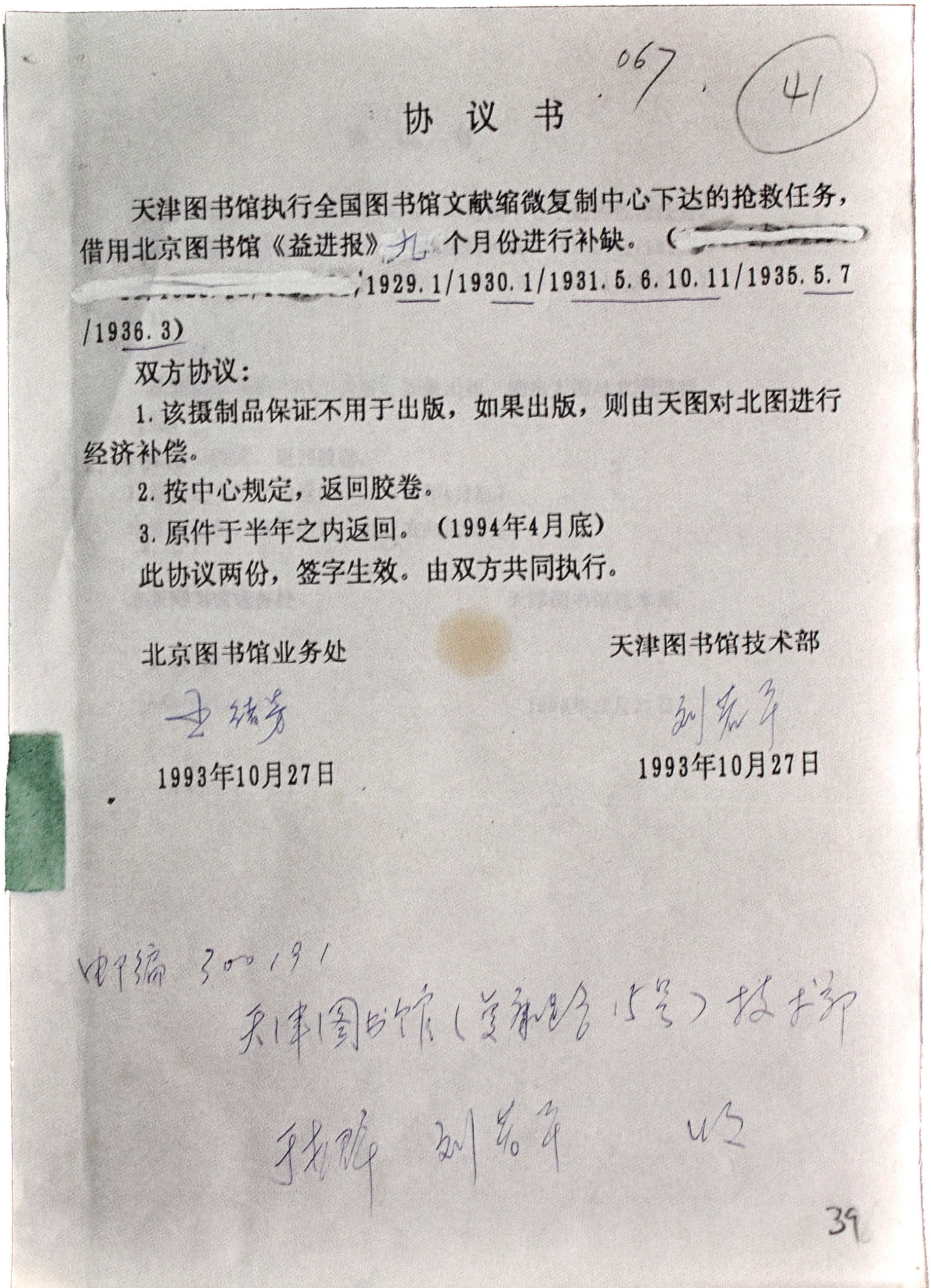

067　41

协　议　书

天津图书馆执行全国图书馆文献缩微复制中心下达的抢救任务，借用北京图书馆《益进报》九个月份进行补缺。（/1929.1/1930.1/1931.5.6.10.11/1935.5.7/1936.3）

双方协议：

1.该摄制品保证不用于出版，如果出版，则由天图对北图进行经济补偿。

2.按中心规定，返回胶卷。

3.原件于半年之内返回。（1994年4月底）

此协议两份，签字生效。由双方共同执行。

北京图书馆业务处　　　　天津图书馆技术部

1993年10月27日　　　　1993年10月27日

邮编 300191

39

天津图书馆与北京图书馆的补缺协议书

统一标准　推动科研

缩微中心先后组织、参与制订、修订多项国家标准，并参与筹建了“中国文献影像技术协会”和“全国文献影像技术标准化技术委员会”，开展国内外学术交流，推动科研工作，培养专业技术人才。

1
—
2

1. 缩微中心员工王富生获得的多项省部级荣誉

2. 科研工作硕果累累

缩微中心组织、制订的部分标准、规则和条例

建国后报纸缩微摄制规范
1998年5月

普通图书缩微品著录条例
缩微品制作标准汇编
北京市城市建设档案馆
中文普通图书缩微摄制规范
普通图书缩微品
著录条例

系表目录

国家标准化管理委员会国家标准审批单
国家技术监督局

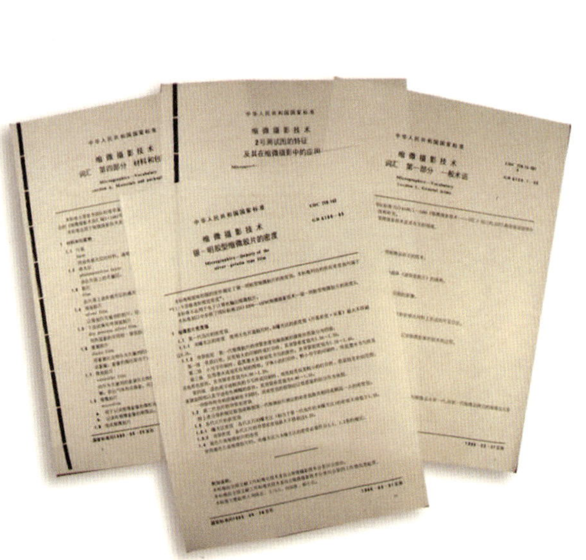

资源开发　拓展利用

缩微中心在开展文献保护工作的同时，积极拓展业务，建立国家缩微品母片库和拷贝片库，同时对文献进行了深入开发和利用，开展缩微品、影印书的出版发行和数据库建设工作。

自1986年起，缩微中心以影印书的方式，先后整理出版了近300余种珍贵古籍文献，受到国内外学者好评。

几种比较具有影响力的影印书籍

NATIONAL UNIVERSITY OF SINGAPORE LIBRARY

10, KENT RIDGE CRESCENT
SINGAPORE 0511
REPUBLIC OF SINGAPORE

Telex: RS 33943 UNISPO %VMID SCL
Cable: UNIVSPORE
Fax: (65) 7773571

Chief Librarian:
PEGGY WAI CHEE HOCHSTADT (MRS.)
Librarian: KOH THONG NGEE

Telephone: 7722069

REF. 21/03/94

蒋伟明先生
北京图书馆馆长室
　兼外事科主任
北京图书馆
北京白石桥路39号
中华人民共和国

蒋先生:

从新加坡联合早报特稿员区如柏的报导，得知　贵馆藏有1941年10月至1942年2月13日的《星洲日报》、《南洋商报》及《新国民日报》，并曾摄制成缩微胶卷，供应该报。

本馆作为本区域一所学术机构的一部分，对新加坡的中文资料之收藏，一向不遗余力，尽量搜集，以求完备。因特致函，恳请　贵馆亦为本馆复制缩微胶卷一份，以供学人研究。

如能俯允所请，请即寄来发票一式三份，以便处理付款事宜。发票与胶卷，请寄至以下地址，谢谢。

Chinese Library
National University of Singapore
10 Kent Ridge Crescent
Singapore 0511

新加坡国立大学
中文图书馆主任　　李金生　谨启

LCS/cly

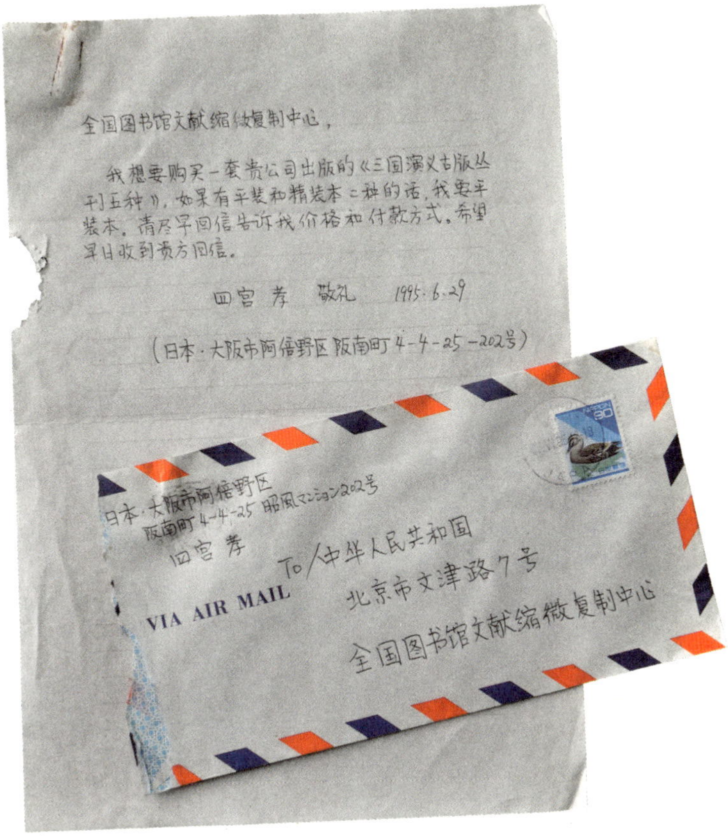

全国图书馆文献缩微复制中心，

我想要购买一套贵公司出版的《三国演义古版丛刊五种》，如果有平装和精装本二种的话，我要平装本。请尽早回信告诉我价格和付款方式。希望早日收到贵方回信。

四宫 孝 敬礼 1995.6.29

（日本·大阪市阿倍野区阪南町4-4-25-202号）

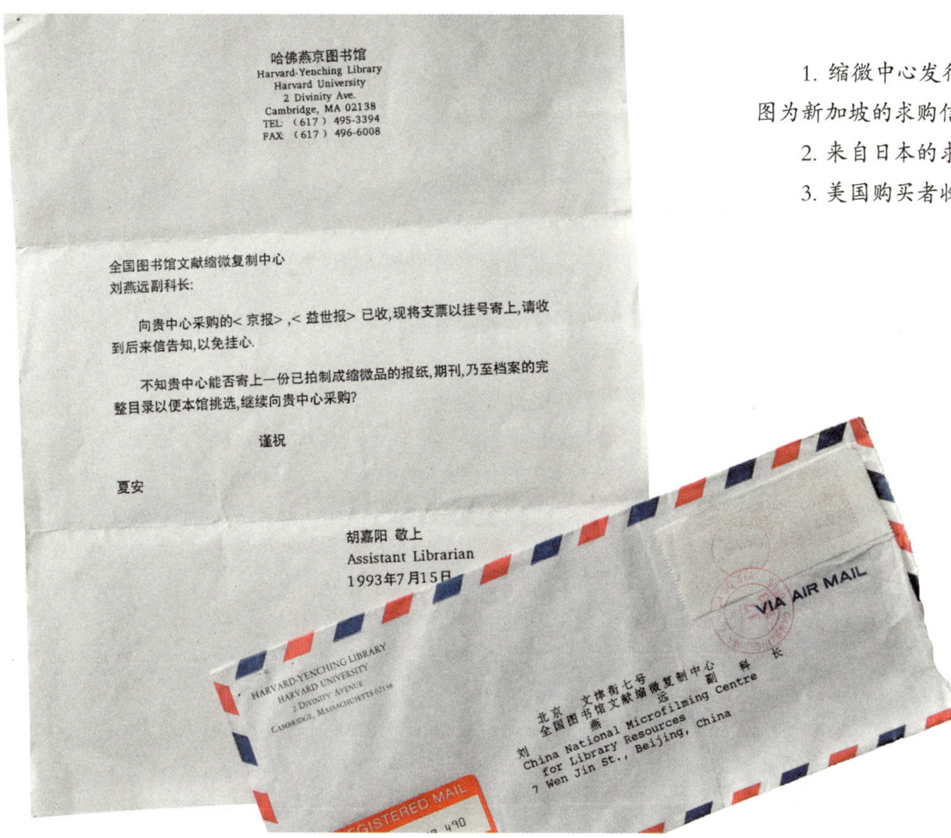

哈佛燕京图书馆
Harvard-Yenching Library
Harvard University
2 Divinity Ave.
Cambridge, MA 02138
TEL: （617）495-3394
FAX: （617）496-6008

全国图书馆文献缩微复制中心
刘燕远副科长：

向贵中心采购的< 京报 >，< 益世报 > 已收，现将支票以挂号寄上，请收到后来信告知，以免挂心。

不知贵中心能否寄上一份已拍制成缩微品的报纸，期刊，乃至档案的完整目录以便本馆挑选，继续向贵中心采购？

谨祝

夏安

胡嘉阳 敬上
Assistant Librarian
1993年7月15日

1 | 2 / 3

1. 缩微中心发行的缩微品远销海外。图为新加坡的求购信

2. 来自日本的求购信

3. 美国购买者收到缩微品的回信

缩微中心历年抢救拍摄完成的各类型文献，总计6755万拍，这些海量内容现已全部实现了书目数据转换，读者可以方便地通过网络查询到自己所需要的文献目录。广东省立中山图书馆、天津图书馆、浙江图书馆等各地方图书馆也在积极推动以缩微文献为基础的数据库建设。

已编辑完成的缩微品目录

开拓进取　务实创新

近年来，缩微中心及各成员馆积极开拓进取，在文献的再生性保护、传统缩微技术与现代数字技术的有效结合等方面，做出了重大贡献。

古籍保护

2007年，国务院办公厅发布《关于进一步加强古籍保护工作的意见》（国办发［2007］6号），提出在“十一五”期间大力实施“中华古籍保护计划”。

2007年2月28日，文化部在京召开全国古籍保护工作会议。时任文化部副部长的周和平在会上指出：要继续采用缩微技术复制、抢救珍贵古籍，并为读者提供方便的阅览服务。

亟待保护的古籍中，除善本外，还有大量的普通古籍。据统计，我国仅省级公共图书馆馆藏普通古籍总量就已达两百万册件。为做好保护工作，缩微中心与国家古籍保护中心办公室合作，将在古籍普查的基础上，共同研究确定需要抢救性拍摄的普通古籍目录，由缩微中心制订标准，组织成员馆进行拍摄。

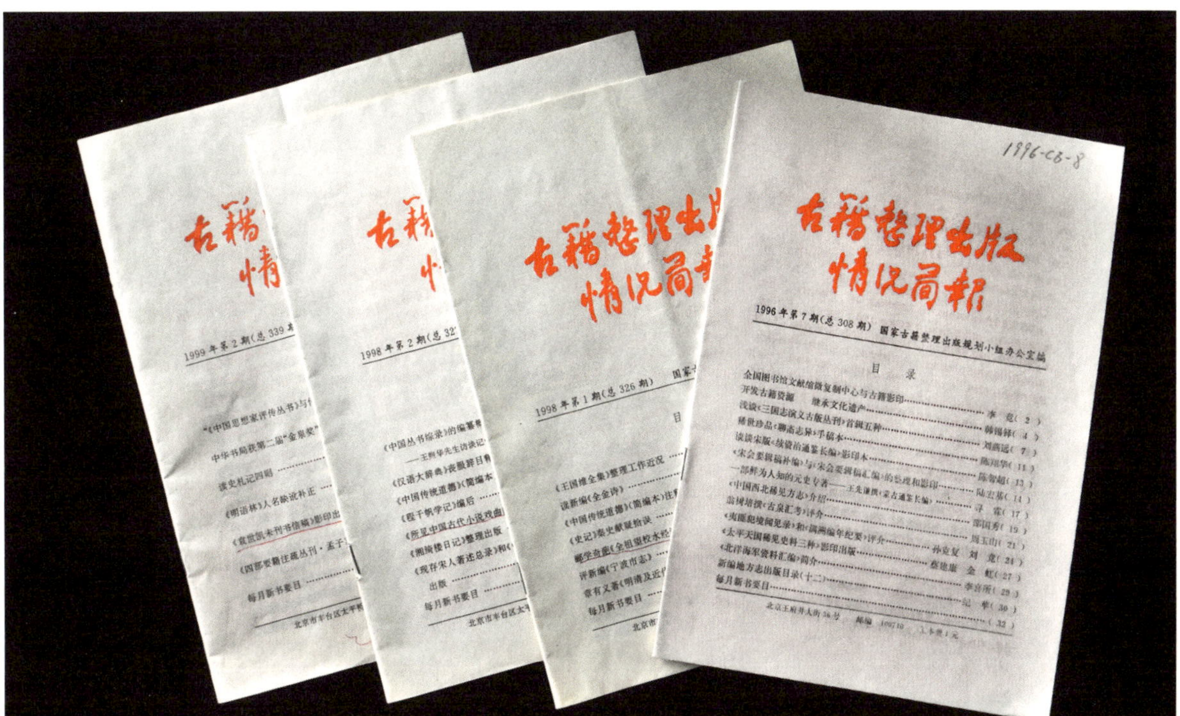

1996年，国务院古籍整理出版规划小组出专刊《古籍整理出版情况简报》（第7期），全面介绍缩微中心的工作情况，突出了缩微中心在古籍保护工作中的重要作用

拍摄完成的《十竹斋画谱》等

文献名称 TITLE OF
片卷号 ROLL NO.
中华全国图书馆文献缩微中心
00N002780
01N000752
法制晚报
00M071280
中国空前大革命
01M045460

民国文献保护

民国时期纸本文献寿命短，保存难度大，而缩微技术是文献再生性保护的最有效方法。因此从2002年起，缩微中心将文献抢救的重点转到民国时期出版的普通图书上，并启动了在全国所有公共图书馆的民国书调查摸底工作。截至2014年，缩微中心与各成员馆共抢救拍摄民国时期图书98493种、期刊14304种、报纸2172种。

2012年初，“民国时期文献保护计划”在全国公共图书馆界实施。缩微中心及各成员馆为落实该计划，加大了抢救拍摄的力度。此外，为建设民国时期文献资源库，缩微中心开展了国家图书馆

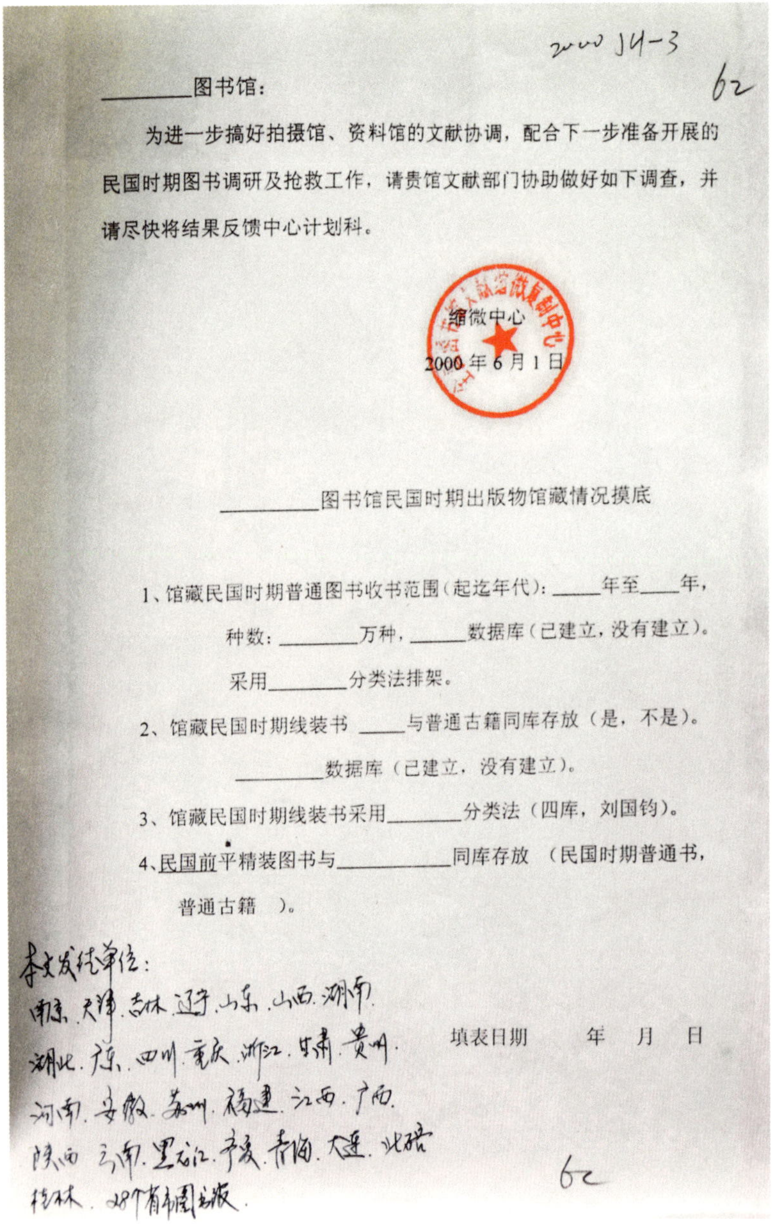

______图书馆：

为进一步搞好拍摄馆、资料馆的文献协调，配合下一步准备开展的民国时期图书调研及抢救工作，请贵馆文献部门协助做好如下调查，并请尽快将结果反馈中心计划科。

缩微中心

2000年6月1日

______图书馆民国时期出版物馆藏情况摸底

1、馆藏民国时期普通图书收书范围（起迄年代）：____年至____年，

种数：______万种，____数据库（已建立，没有建立）。

采用______分类法排架。

2、馆藏民国时期线装书 ____与普通古籍同库存放（是，不是）。

______数据库（已建立，没有建立）。

3、馆藏民国时期线装书采用______分类法（四库，刘国钧）。

4、民国前平精装图书与________同库存放 （民国时期普通书，普通古籍 ）。

填表日期 年 月 日

本文发往单位：
内蒙 天津 吉林 辽宁 山东 山西 湖南
湖北 广东 四川 重庆 浙江 甘肃 贵州
河南 安徽 苏州 福建 江西 广西
陕西 云南 黑龙江 宁夏 青海 大连 北碚
桂林 28个省市图书馆

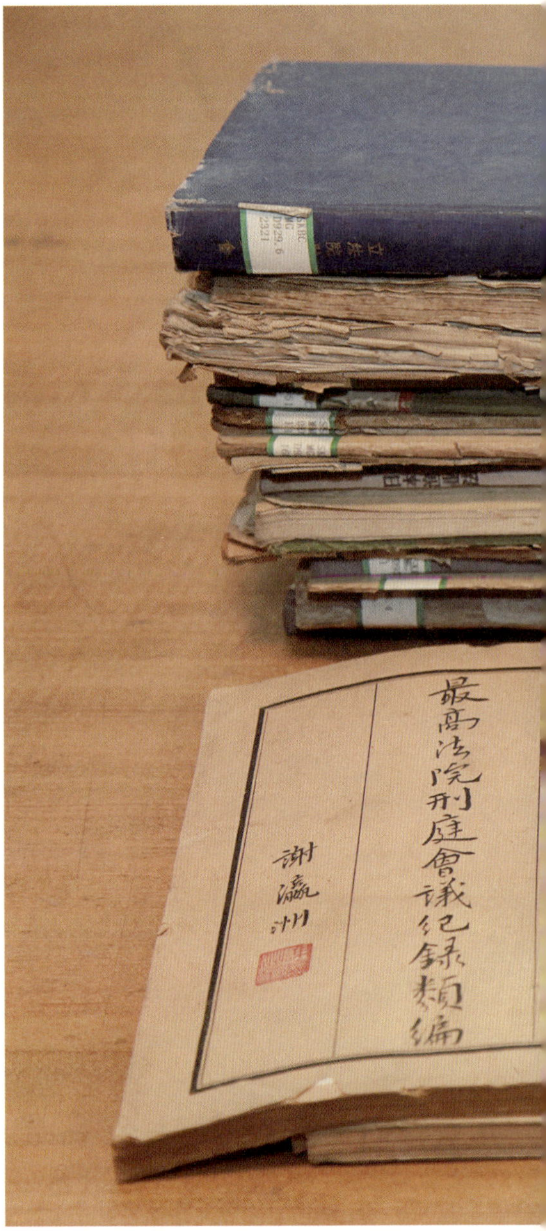

馆藏民国文献缩微胶片的数字影像转换工作，现已提供民国图书37210种、民国期刊4351种的全文影像资源，供读者在线阅览。重庆图书馆已完成馆藏全部民国时期图书、期刊、报纸的数字化工作，数据量达4TB；天津、河南、辽宁等图书馆也都开始进行民国文献缩微胶片的数字影像转换工作。

1 | 2

1. 民国时期出版物馆藏情况摸底函

2. 保存难度大的民国文献

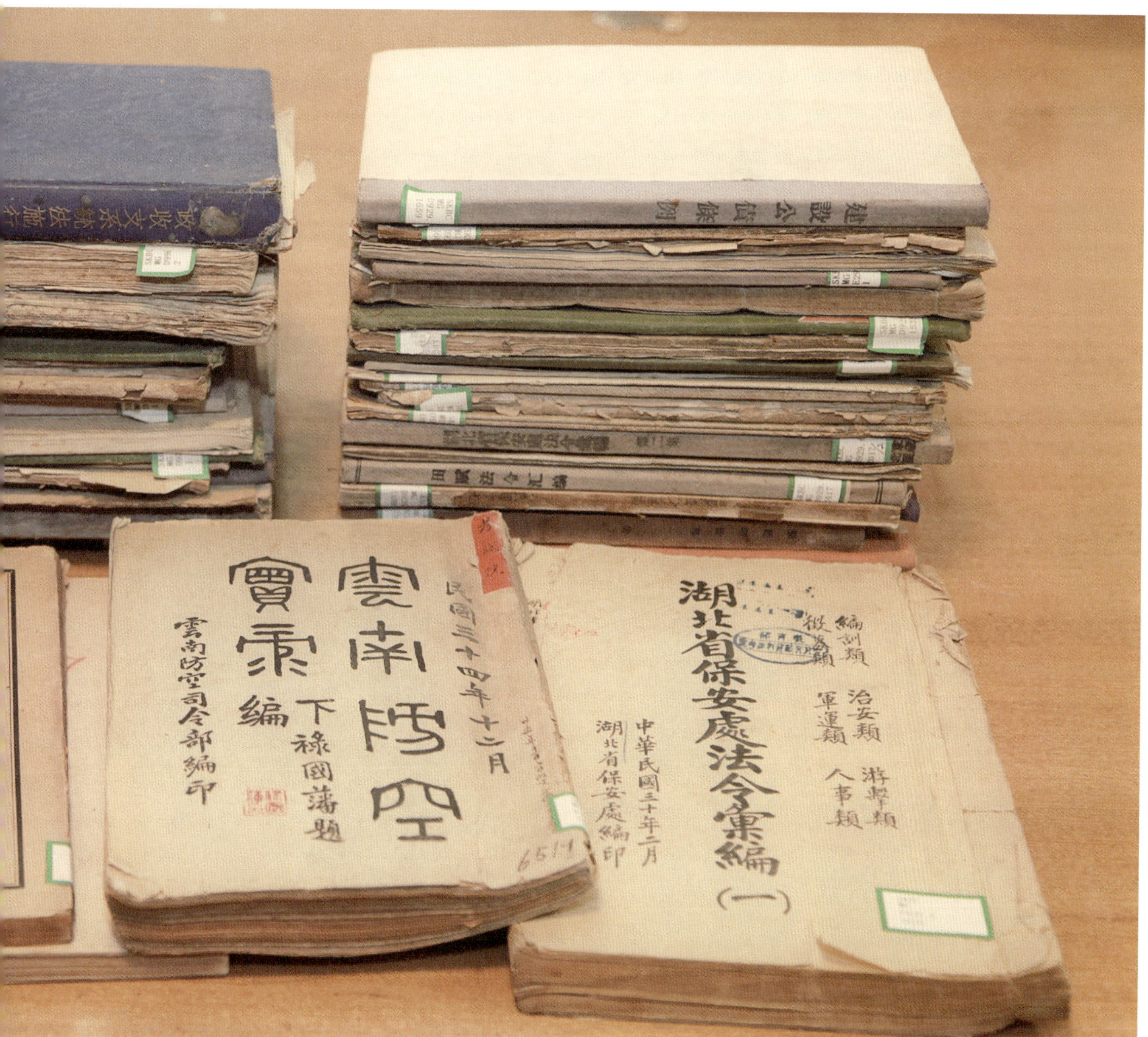

新中學文庫
歐洲文藝復興史
蔣方震著
商務印書館發行

歷史叢書
隋唐時代西域人華化考
何健民編著
中華書局發行

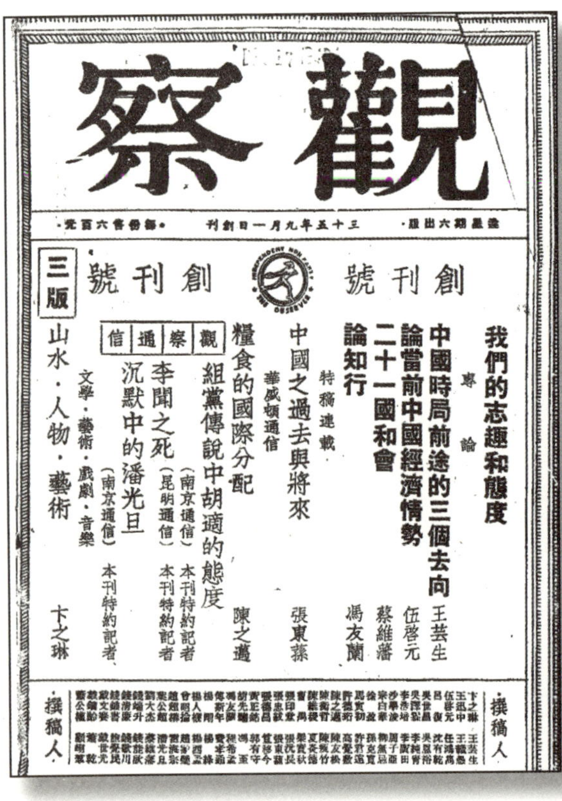
觀察
三十五年九月一日創刊
創刊號
創刊號
三版
我們的志趣和態度
專論
中國時局前途的三個去向　王芸生
論當前中國經濟情勢　伍啓元
二十一國和會　蔡維藩
論知行　馮友蘭
特稿連載
中國之過去與將來　張東蓀
華盛頓通信
糧食的國際分配　陳之邁
觀察通信
組黨傳說中胡適的態度（南京通信）本刊特約記者
李聞之死（昆明通信）本刊特約記者
沉默中的潘光旦（南京通信）本刊特約記者
文學·藝術·戲劇·音樂
山水·人物·藝術　卞之琳
撰稿人

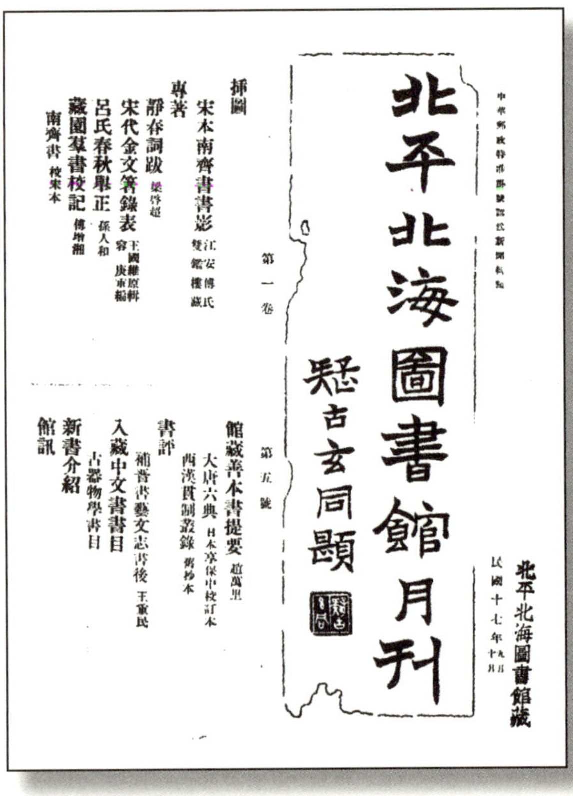
北平北海圖書館月刊
疑古玄同題
第一卷　第五號
插圖
宋本南齊書書影　江安傅氏雙鑑樓藏
專著
靜春詞跋　梁啓超
宋代金文箸錄表　王國維原輯　容庚重編
呂氏春秋斠正　孫人和
藏園羣書校記　傅增湘
南齊書　校宋本
館藏善本書提要　趙萬里
大唐六典　日本享保中校訂本
西漢貲制叢錄　舊抄本
書評
補晉書藝文志書後　王重民
入藏中文書書目
古器物學書目
新書介紹
館訊
民國十七年九月十月
北平北海圖書館藏

完成数字化的民国书刊

以缩微品的形式征集海外民国文献

“民国时期文献保护计划”实施后，国家图书馆于2012年从美国征集到日本“二战”罪行证据资料缩微胶卷2212卷；2013年5月，从美国征集回归远东国际军事法庭审判的相关文献史料8种，胶片49卷；同年7月，又从美国征集到日本“二战”乙级、丙级战犯审判相关文献史料4种，缩微胶片104卷。这批文献在日本“二战”罪行和战犯审判研究领域具有重要的史料价值。

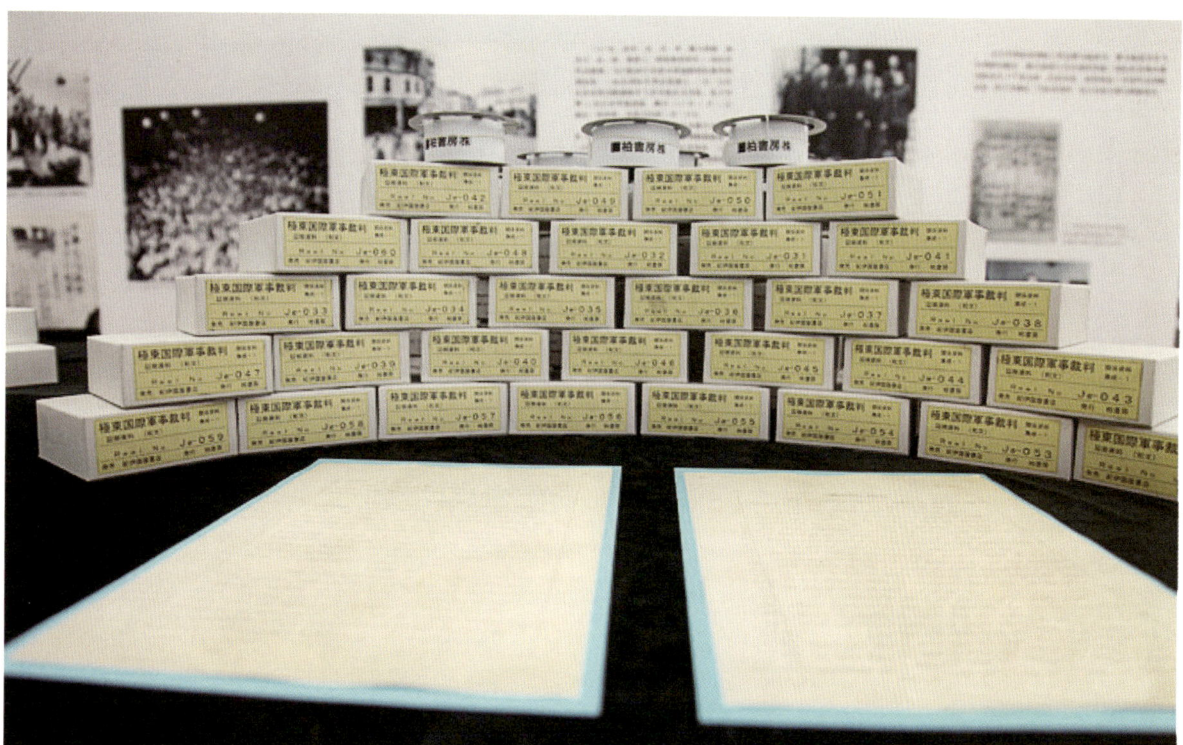

远东国际军事法庭庭审记录缩微胶片

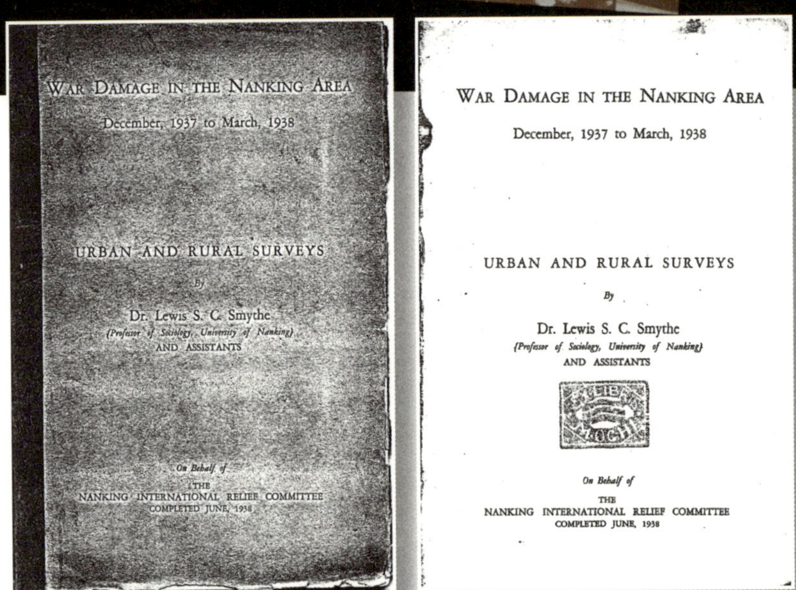

WAR DAMAGE IN THE NANKING AREA

December, 1937 to March, 1938

URBAN AND RURAL SURVEYS

By

Dr. Lewis S. C. Smythe

(Professor of Sociology, University of Nanking)

AND ASSISTANTS

On Behalf of

THE

NANKING INTERNATIONAL RELIEF COMMITTEE

COMPLETED JUNE, 1938

1
—
2

1. 依据缩微胶片出版的《远东国际军事法庭庭审记录》

2. 胶片还原的东京审判起诉书资料

千秋功业

创新篇

文献保护，功在当代，利在千秋。缩微中心及成员馆将通过自主研发设备、融合多元技术、拓展业界合作、培养综合人才、创新工作机制等手段，进一步推动中国缩微事业的发展，为保护祖国的珍贵文化遗产做出更大的贡献。

与时俱进　自主研发

国外图书馆一向重视缩微品的收藏与利用，如美国几乎所有的联邦刊物都是以缩微胶片的形式进入图书馆，美、日等国的政府资料也大多以缩微胶片的形式进入图书馆，这使得国外缩微技术的发展始终长盛不衰。目前，我国所使用的设备大都引自国外。

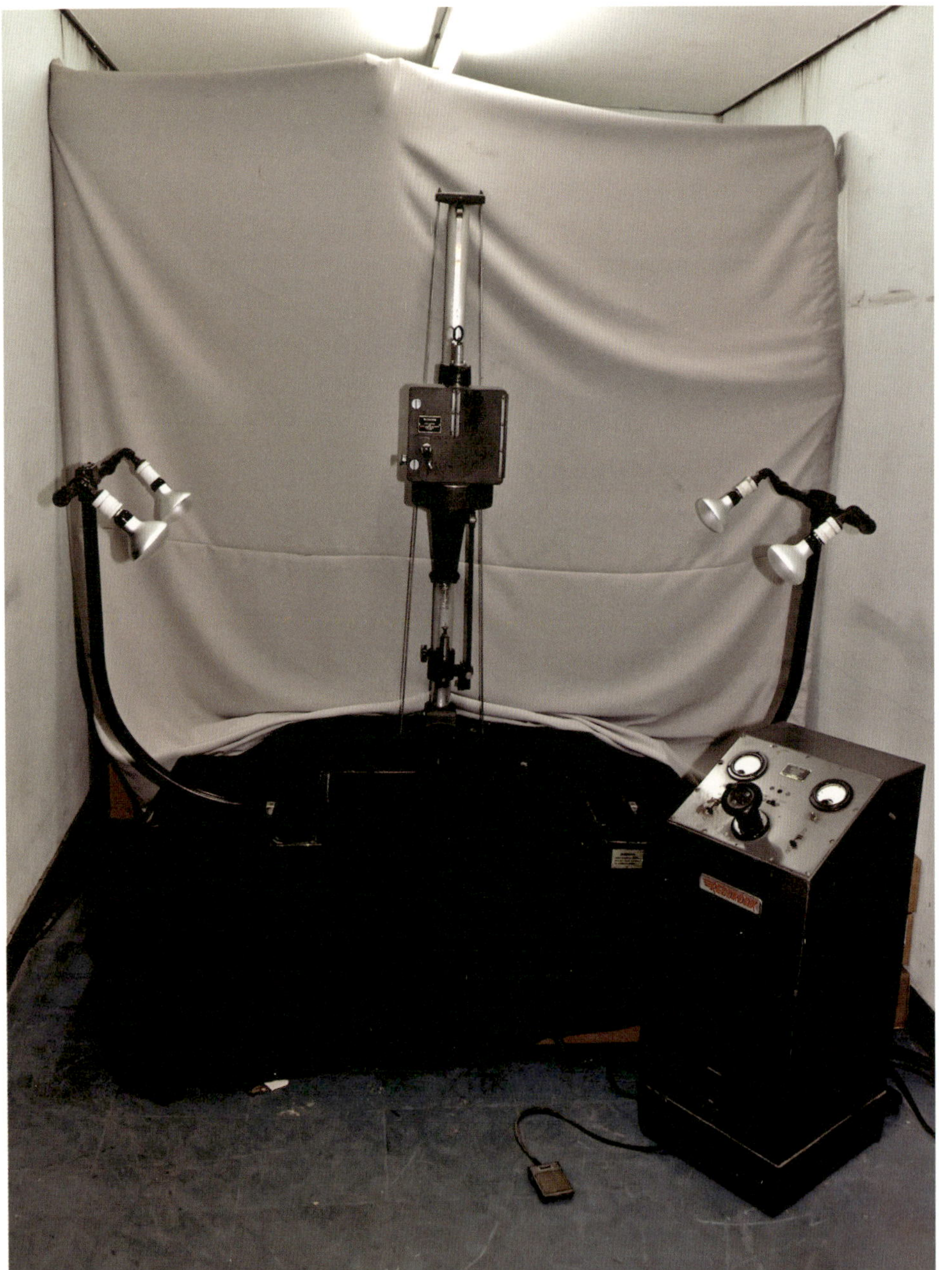

2

1 3

1. 1938年美国生产的缩微摄影机
2. 中国最早引进的缩微拷贝机
3. 中国最早引进的缩微阅读器

extek
Model 7151
Step & Repeat Camera
Kodak

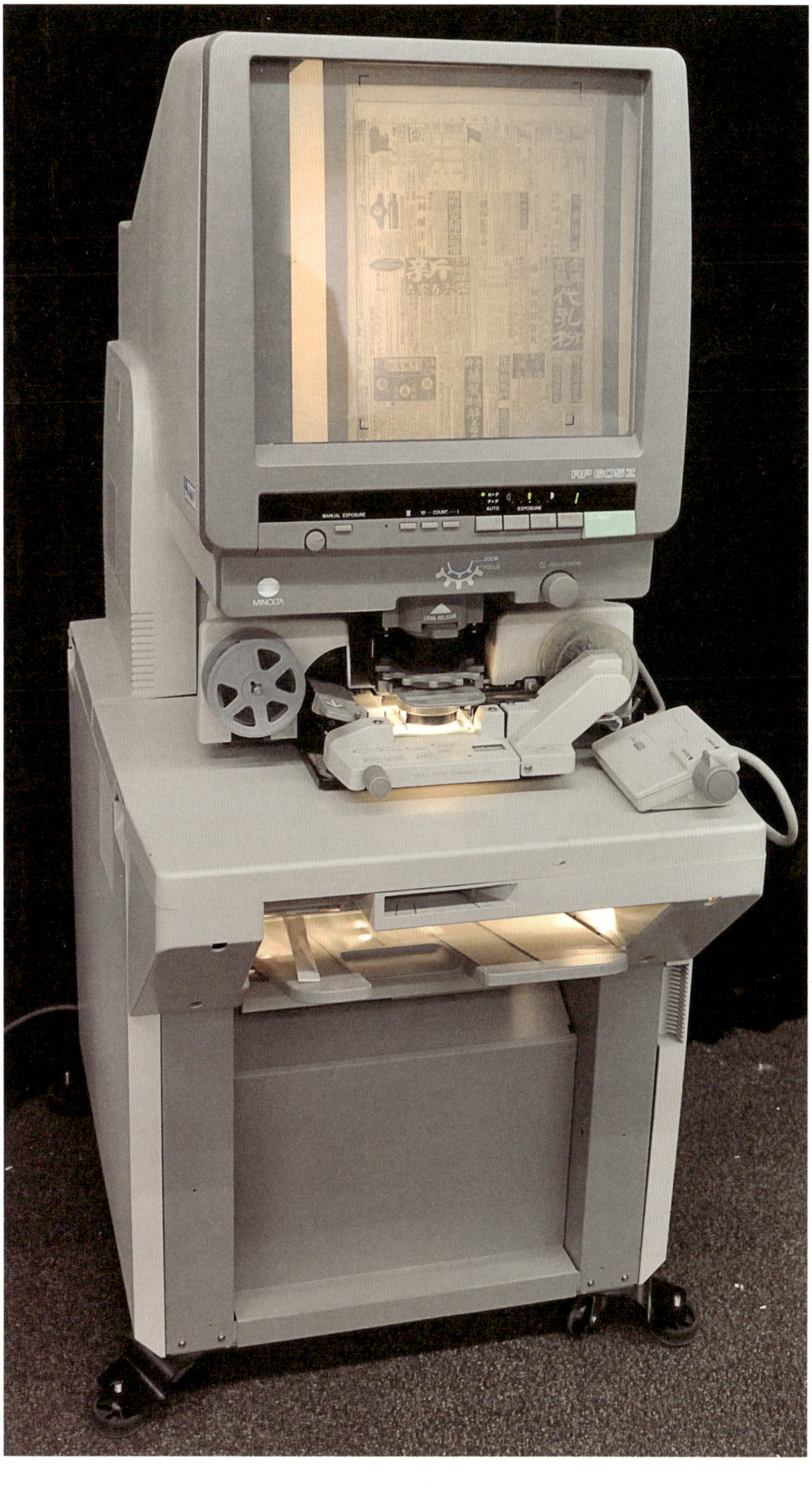

1
3
2

1. 20世纪80年代美国产大幅面阅读器

2. 20世纪80年代美国产平片缩微摄影机

3. 20世纪90年代日本产缩微阅读复印机

中国缩微技术人员在学习国外先进技术的同时，结合工作实践，改进并研制缩微设备，为中国缩微事业的发展贡献力量。

1 | 2

1. 20世纪70年代，我国研制的常温冲洗机
2. 20世纪80年代，我国研制的便携式高温洗片机

中国缩微技术人员结合工作实践，在拍摄35mm胶片的M2缩微拍摄机上安装了辅助测光表，从而保证了测光的精确度。

为使读者更加便捷地使用缩微胶片，缩微中心自主研发了便携式数码缩微阅读器，可实现在计算机上阅读缩微胶片，方便缩微文献的传播与利用，使缩微技术在文献补藏、海外文献回归中发挥积极作用。

1
—
2

1. 安装测光表的M2拍摄机
2. 最新研发的便携数码阅读器

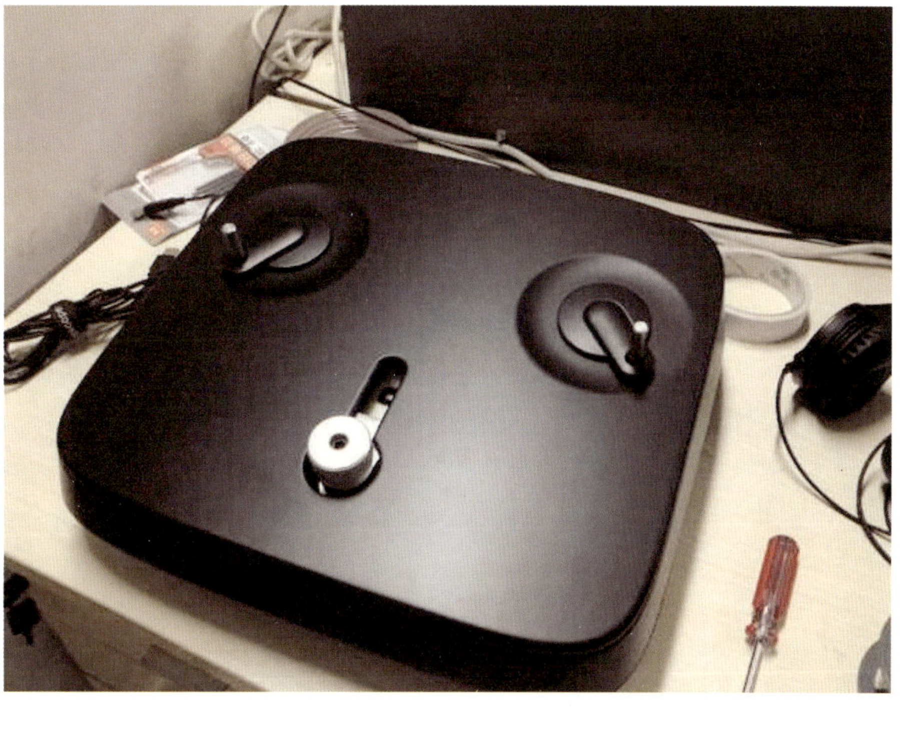

彩色缩微技术

图书馆收藏的文献中含有丰富的彩色图文，但黑白缩微胶片无法体现这些文献的色彩。缩微中心以现有黑白缩微设备为基础进行技术改造，成功研制了彩色缩微拍照机和冲洗机，成为国内第一家批量生产彩色缩微品的单位。至今已拍摄彩色善本、套印本等珍贵彩色文献20余万拍。

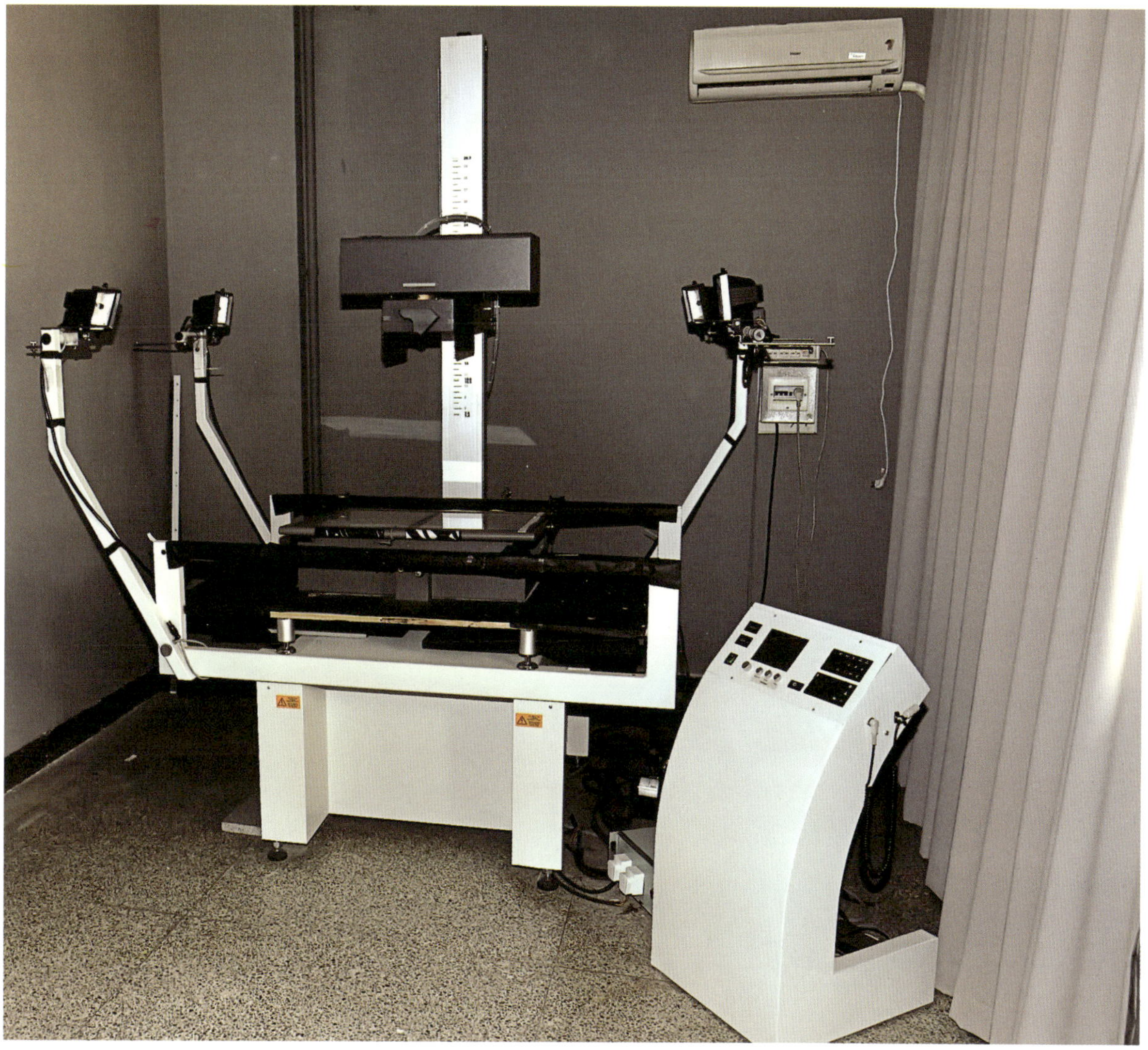

1 | 2

1. 黑白胶片并不能反映原文献的丰富色彩
2. 德国产最新彩色缩微摄影机

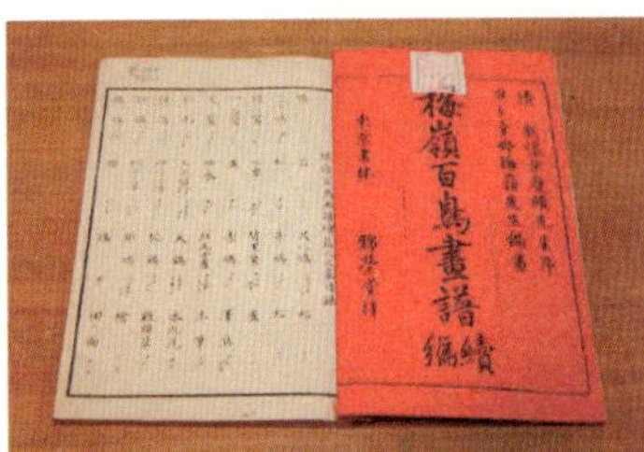
梅嶺百鳥畫譜
續編

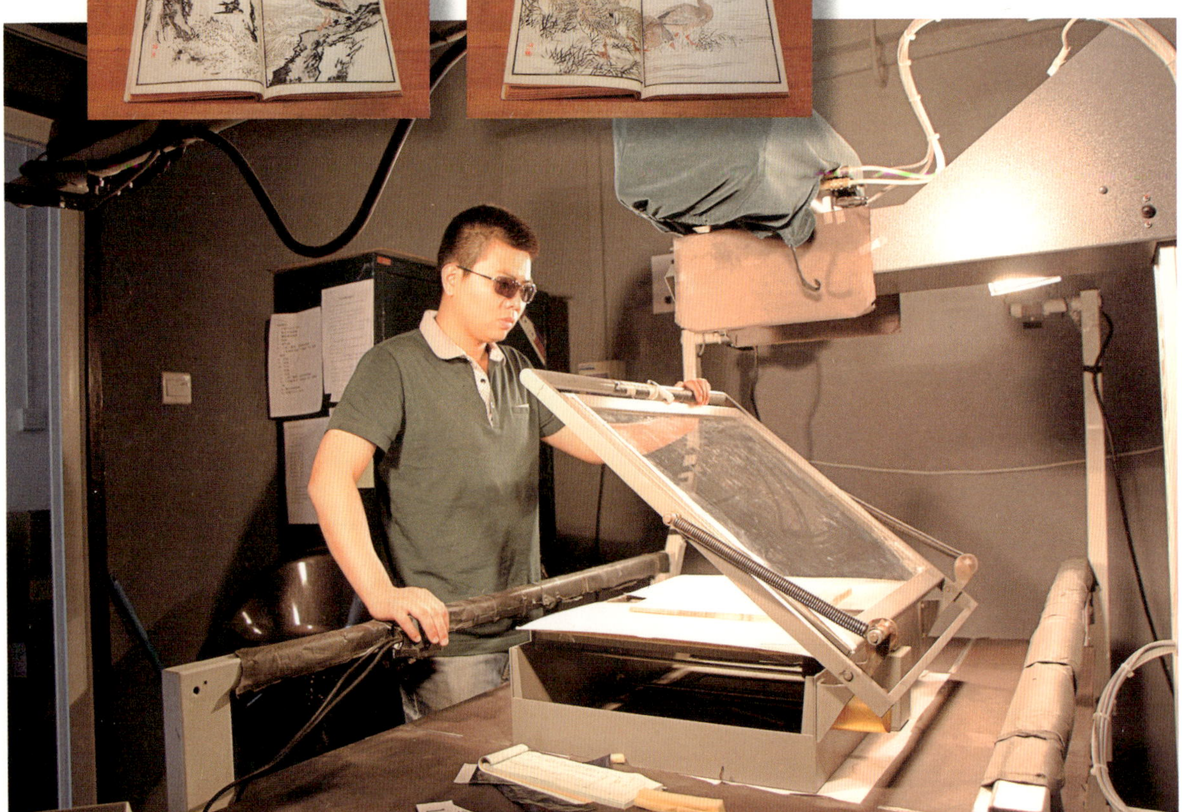

1

2

3

1. 待拍摄的彩色古籍

2. 工作人员在使用PS2002彩色缩微拍摄机拍摄35mm彩色缩微胶片

3. 拍摄完成的彩色缩微胶片

技术融合　引领发展

数字技术的发展，改变了文献信息生产、传递、利用和保存的方式，给传统的缩微技术带来了巨大的机遇与挑战。缩微中心确定了在保证缩微技术自身优势的同时，与数字技术相结合的发展方向，为全国图书馆文献保护及利用带来无限动力。

1 | 2

1. 1997年缩微中心召开新老技术研讨会
2. 老同志学习新技术

2014年全国公共图书馆缩微技术培训班

缩微胶片数字化

缩微胶片数字化，是利用数字化技术将缩微胶片记录的模拟影像转换成数字影像，并对其进行加工、存储、管理及网络索引等处理的工作。缩微胶片数字化转换工作的开展，在缩微工作发展进程中具有划时代的意义。

近年来，缩微中心引进全套缩微胶片数字化设备，并拥有了成熟的加工体系和技术团队，年数字化产量近500万页。在此基础上，缩微中心带动10余家成员馆共同开展了缩微胶片数字化工作，为我国文化建设提供了珍贵的数字资源。

1

2 3

1. 探讨公共图书馆数字缩微建设方案

2. 2014年全国公共图书馆缩微技术培训班

3. 高速缩微胶片扫描仪

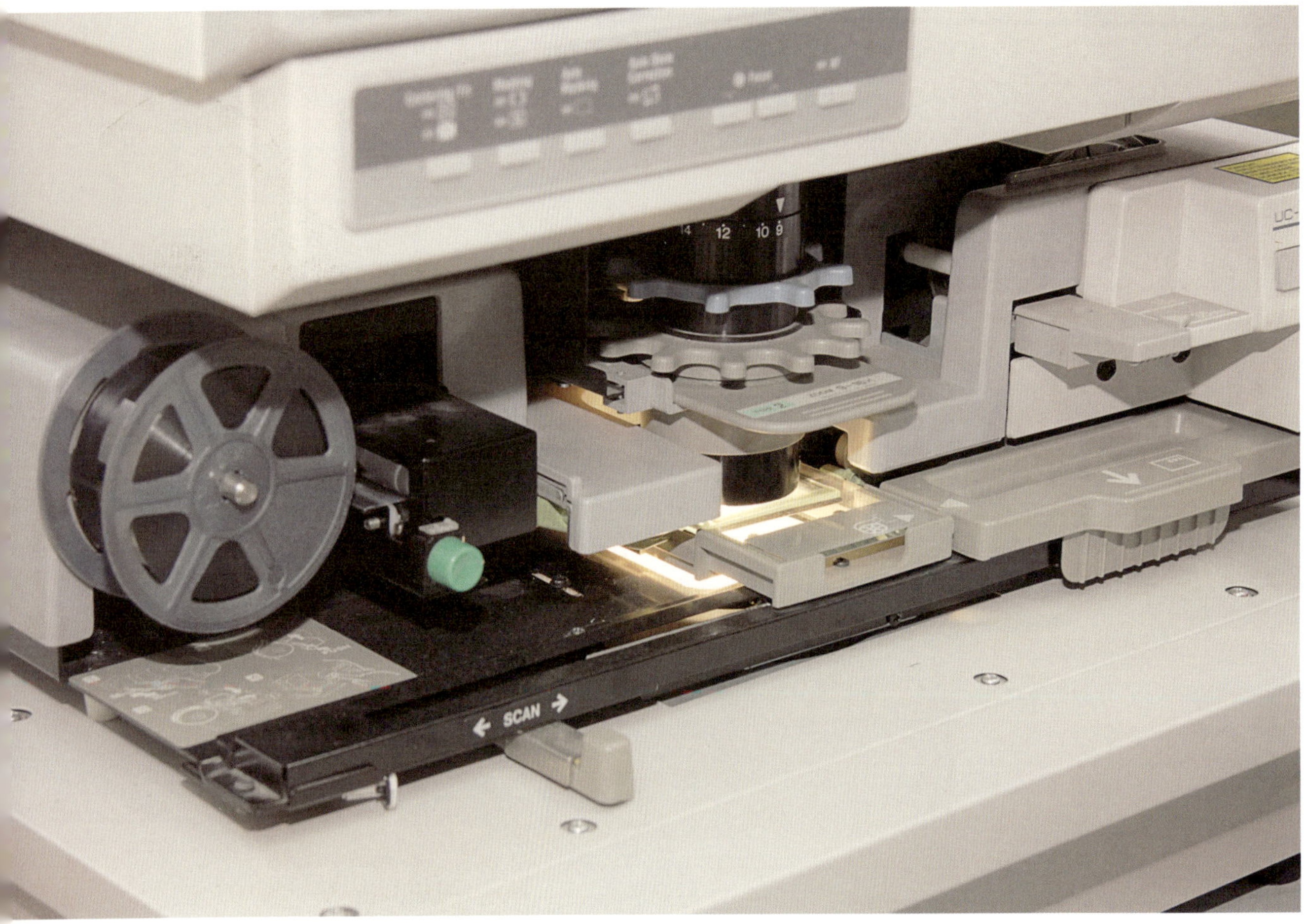

1 | 2 / 3

1. 缩微胶片扫描仪
2. 工作人员使用高速扫描仪扫描缩微胶片
3. 工作人员使用普通扫描仪扫描

MEKEL
MACH V

数字存档

数字技术在给人们带来无限便利的同时，也带来了资源可持续利用的难题。数字存档，是将数字信息转存到缩微胶片上，将缩微胶片长期保存的优势与数字信息方便利用的优势结合在一起，是确保数字信息安全最有效的措施之一。

缩微中心在充分调研的基础上，制订了科研发展规划和详细的试验计划，开展了原生性数字资源和再生性数字资源的转换工作，不仅引进了国际上最先进的数字存档设备，还形成了完整的工作流程和质检标准，年产量在40余万拍以上。

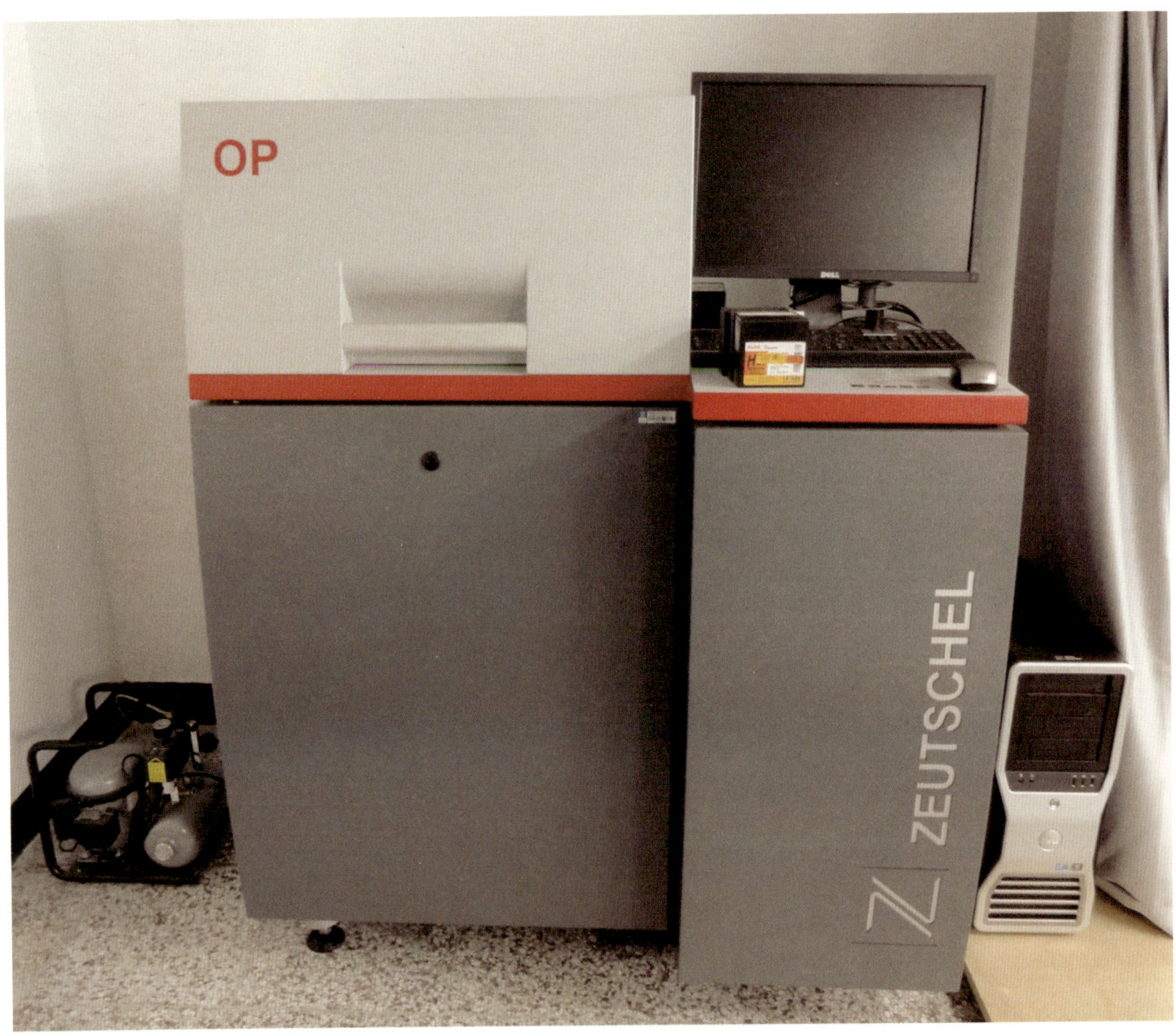

国家图书馆重点科研项目计划任务书

项目名称：数字存档技术应用研究

项目编号：

项目负责人（签字）：李健

项目承担部门（盖章）：缩微文献部

项目研制周期：2011 年 1 月 至 2013 年 12 月

填报日期：

国家图书馆制

二〇一〇年十月

一、 目标与任务

（①项目研究目标；②项目研究内容及任务分解：要解决的主要难点和问题，技术方案和创新点等；③相关技术路线；④项目各参与单位及人员的组织管理形式等。）

1. 研究背景：近年来，随着数字存档技术的问世，国内外多家文献保存单位开展了数字化转胶片工作，利用数字存档设备进行数字信息的缩微化转换，以实现文献的长期保存。但是，到目前为止，国内外仍未有对数字存档技术使用标准进行深入研究的论文或专著发表，也未出台相关的国际标准或国家标准。

2. 项目研究目标：数字存档技术在未来缩微工作中的应用研究。

3. 项目研究内容及任务分解：

研究内容：进行黑白和彩色数字存档技术实验；根据相应的国家标准，对存档生成的缩微胶片进行检验，分析其是否符合缩微胶片长期保存的需求，论证先数字后缩微的技术路线对技术发展的影响。经论证，若该技术可行，则研究出一套行之有效的数字存档工作流程，并制订出相关标准。

创新点：率先研究数字存档技术实施可行性研究，若该技术可行，则制定行之有效的数字存档技术应用标准，填补国内关于数字存档技术方面的标准空白。

相关技术路线：对纸质文件以各种精度分别进行黑白二值和彩色两种形式的扫描→通过数字存档机分别进行数字存档→按照现行国家标准对生成的胶片进行密度、解像力和颜色等各项指标的检测→整理汇总实验数据→论证先数字后缩微的技术路线对技术发展的影响→若可行则制定完整规范的生产流程→制订相关标准。

4. 项目各参与单位及人员的组织管理形式：由国家图书馆牵头，同时拟邀请国家档案局档案科学研究所、中国第一历史档案馆、上海浦东档案局、解放军理工大学图书馆、汉龙公司等单位的专家成立科研小组，选出项目负责人，进行项目的统筹安排。

1 | 2

1. 数字存档机

2. 数字存档技术应用研究项目书

全国图书馆文献缩微复制中心以“数字存档技术应用研究”为题，申请获批了文化部科技创新项目。该项目在成功实现黑白转换的基础上，还进行了彩色胶片转换实验，并取得了初步成功。

全国图书馆文献缩微复制中心同步开展了彩色数字文献转彩色缩微胶片的实验，并取得成功。

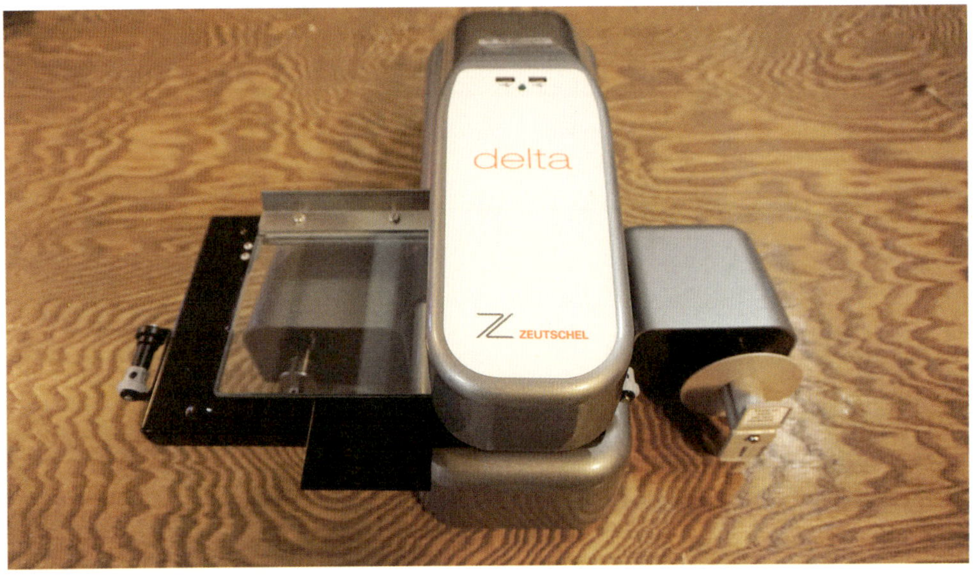

1 3

2 4

1. 彩色扫描仪
2. 文献前整理工作场景
3. 胶片质检工作场景
4. 数字存档工作场景

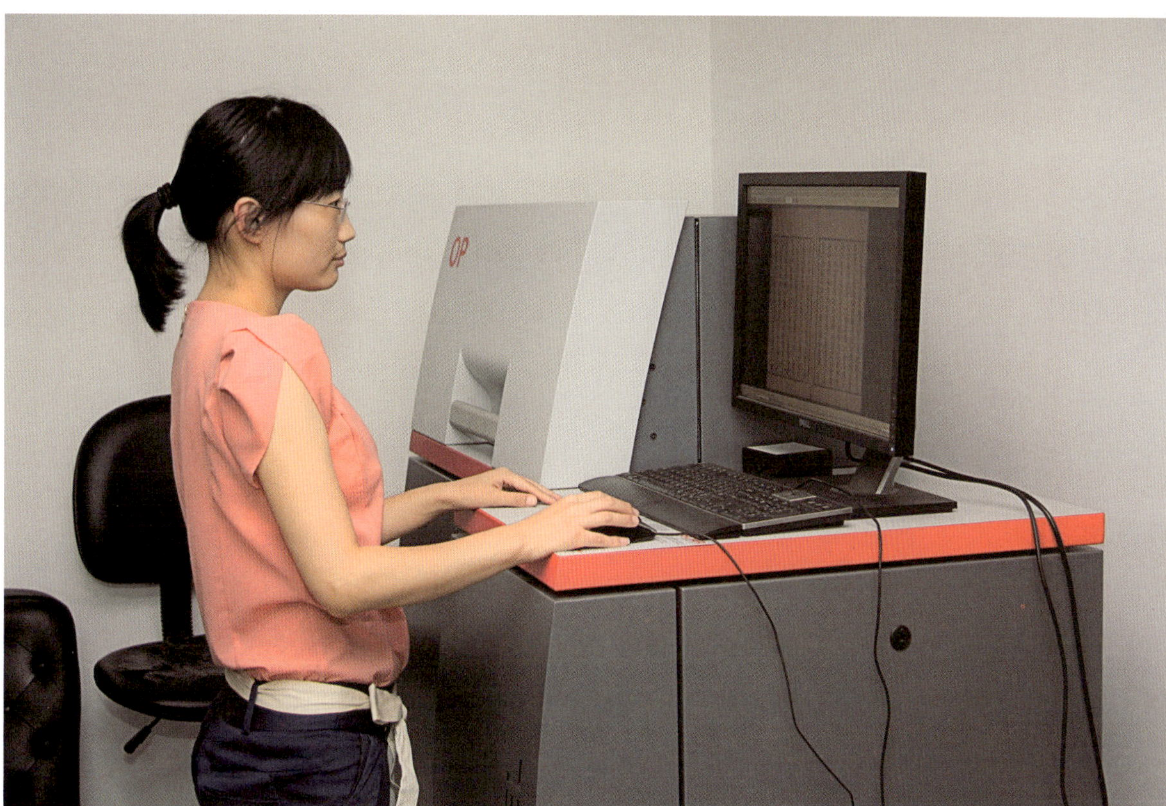

优化存藏　服务利用

国家母片库建设

全国图书馆文献缩微复制中心国家母片库现存缩微母片近十万卷，拷贝底片数十万卷，存放环境恒温恒湿，库房管理科学有序，缩微胶片保存完好。下一步，缩微中心将进一步开展国家母片库的清点核查工作，并启动对各成员馆缩微胶片存放环境的考察，探索缩微母片分布式存储的可行性。

国家缩微母片库

缩微阅览

在已抢救的文献中，至少有70%的原件已不再提供一般阅览服务，缩微胶片阅读已经成为读者到馆阅读文献的重要方式之一。以国家图书馆为例，缩微文献只占研究型馆藏总量的8.2%，但读者服务率却高达15. 47%。缩微文献已成为研究型馆藏中的热门文献。

国家图书馆缩微文献阅览室

善本古籍全文数据库

通过把拍摄的善本古籍缩微胶片还原为数字影像，辅以详细书目建成全文影像数据库，免费提供公众利用。

1 | 2

1. 国家图书馆数字善本数据库
2. 国家图书馆宋人文集数据库

中国国家图书馆·中国国家数字图书馆
NATIONAL LIBRARY OF CHINA
NATIONAL DIGITAL LIBRARY OF CHINA
宋人文集
读者门户 电子图书 民国专栏 博士论文 古籍特藏 音视频 中国学 革命历史文献 海外资源
题名：
责任者：
版本类型：
版本年代：
四部分类：
索取号：
与
模糊检索
检索
浏览
宋代是中国封建社会历史上政治、经济、思想、文化高度发达的时代，也是一个人才辈出、群星璀璨的时代。宋人撰著的文集内容丰富，包罗万象，是研究宋代社会各方面不可或缺的第一手资料。宋代宽松的文化政策和先进的雕版印刷术，使宋人著述得以及时和广泛地传播。据《宋史·艺文志》及其他目录资料记载，宋人文集约有一千余种，流传至今尚有七百余种。
国家图书馆精选所藏宋人文集善本二百七十五部，首选宋元刊本，次及明清精抄精刻，或经名家校勘题跋之本，通过缩微胶卷还原数字影像，并辅以详细书目建成本全文影像数据库，免费呈献公众利用。
河南集
（宋）穆修撰
9806 人阅读
新刻临川王介甫先生文集
（宋）王安石撰
7809 人阅读
伯牙琴
（宋）邓牧撰
5370 人阅读
宋人小集
5301 人阅读
寇忠愍公诗集
（宋）寇准撰
2889 人阅读
姑溪居士文集
（宋）李之仪撰
2342 人阅读
倚松老人诗集
（宋）饶节撰
2294 人阅读
栟榈先生文集
（宋）邓肃撰
2006 人阅读
游廌山先生集
（宋）游酢撰
1453 人阅读
版权声明 | 关于国图 | 支持我们 | 人才招聘 | 站点地图 | 联系我们 | 国家图书馆版权所有
京ICP备05014420号 电话:(+86 10)88545426 88545360

民国文献全文数据库

以拍摄的民国期刊、民国报纸、民国图书缩微胶片为基础，还原成数字影像，并辅以详细书目建成全文影像数据库，免费提供服务。

1 | 2 / 3

1. 国家图书馆民国图书数据库
2. 国家图书馆民国期刊数据库
3. 国家图书馆民国法律数据库

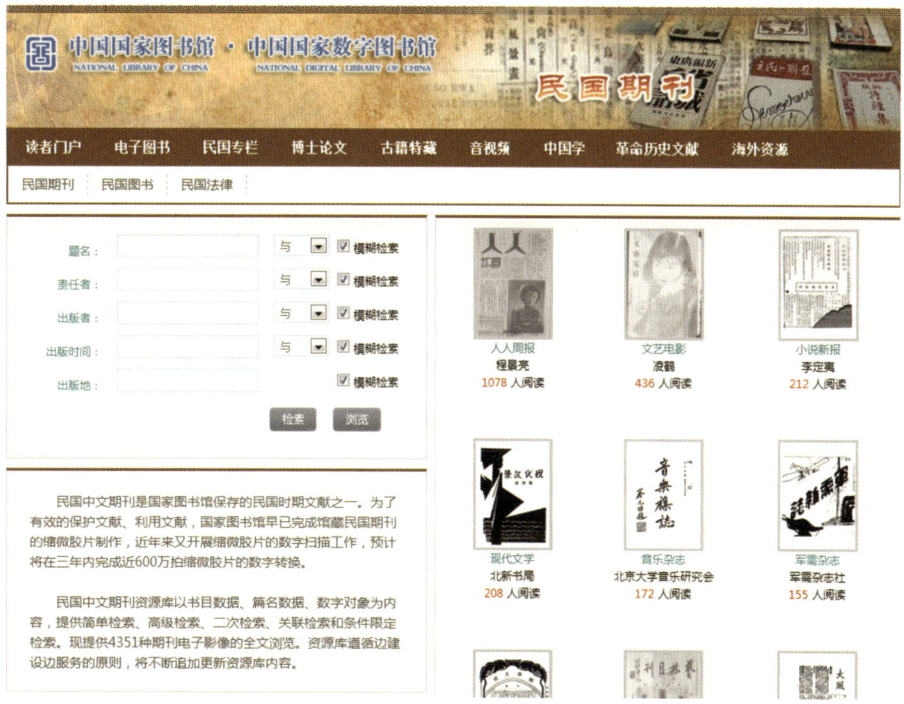
中国国家图书馆 · 中国国家数字图书馆
NATIONAL LIBRARY OF CHINA
NATIONAL DIGITAL LIBRARY OF CHINA
民国期刊
读者门户 电子图书 民国专栏 博士论文 古籍特藏 音视频 中国学 革命历史文献 海外资源
民国期刊 民国图书 民国法律
题名：
责任者：
出版者：
出版时间：
出版地：
与
模糊检索
检索
浏览
人人周报
程景亮
1078 人阅读
文艺电影
凌鹤
436 人阅读
小说新报
李定夷
212 人阅读
现代文学
北新书局
208 人阅读
音乐杂志
北京大学音乐研究会
172 人阅读
军需杂志
军需杂志社
155 人阅读
民国中文期刊是国家图书馆保存的民国时期文献之一。为了有效的保护文献、利用文献，国家图书馆早已完成馆藏民国期刊的缩微胶片制作，近年来又开展缩微胶片的数字扫描工作，预计将在三年内完成近600万拍缩微胶片的数字转换。
民国中文期刊资源库以书目数据、篇名数据、数字对象为内容，提供简单检索、高级检索、二次检索、关联检索和条件限定检索。现提供4351种期刊电子影像的全文浏览。资源库遵循边建设边服务的原则，将不断追加更新资源库内容。

中国国家图书馆 · 中国国家数字图书馆
NATIONAL LIBRARY OF CHINA
NATIONAL DIGITAL LIBRARY OF CHINA
民国法律
读者门户 电子图书 民国专栏 博士论文 古籍特藏 音视频 中国学 革命历史文献 海外资源
篇名：
公布单位：
文献出处：
关键词：
主题词：
与
模糊检索
检索
浏览
县保卫团组织暂行办法
华北政务委员会法规汇编
2530 人阅读
陆军军用文官服制领章图说
华北政务委员会法规汇编
925 人阅读
旧行号债权执行办法
民国法规集成
761 人阅读
产金收买法
民国法规集成
760 人阅读
工业用盐输出监视手续章程
民国法规集成
635 人阅读
治安部修械所章程
华北政务委员会法规汇编
605 人阅读
宪兵对于军队暨军事学校机关实行职权办法暂行规则
华北政务委员会法规汇编
598 人阅读
特别校阅章程
华北政务委员会法规汇编
596 人阅读
产金收买法施行规则
民国法规集成
569 人阅读
民国时期是从清王朝到中华人民共和国之间的一个历史断代，从1911年10月辛亥革命后成立的湖北军政府时起至1949年10月中华人民共和国成立，前后历时38年。其间曾先后出现过多个性质迥异、对峙并存的政权：有以孙中山领导创建的中华民国临时政府（南京）、中华民国军政府（广州）、中华民国陆海军大元帅府大本营（广州）和中华民国政府（广州和武汉）；有北洋军阀统治的中华民国政府（北京）；有国民党统治的南京政府；有日本帝国主义侵华期间扶持建立的"满洲国"、"华北政务委员会"和汪精卫的"国民政府"等伪政权；有中国共产党领导建立的中华苏维埃工农民主政府和各革命根据地政府。上述政府在其存在期间制定颁布了大量法律、法规和其他规范性文件。这些法律文献从不同角度反映了当时的政治、经济、军事、外交、文化等诸多方面的历史原貌，其中不乏许多珍贵的历史文献，为研究中国近代史、中华民国史、中国革命史和中国法制史的重要文献源。
版权声明 | 关于国图 | 支持我们 | 人才招聘 | 站点地图 | 联系我们 | 国家图书馆版权所有
京ICP备05014420号 电话:(+86 10)88545426 88545360

辽宁省图书馆 · 辽宁省数字图书馆
LIAONING PROVINCIAL LIBRARY
DIGITAL LIBRARY OF LIAONING PROVINCE
中文版 | English
网站首页
辽图概况
服务指南
书目检索
参考咨询
数字资源
读者园地
辽宁图书馆界
LiaoNing Provincial Library
我的图书馆
MY LIBRARY
证 号：
密 码：
登 陆
电话续借
024-24232203
数字资源
移动图书馆
古籍平台入口
电子图书期刊
图片数据资源
视频与多媒体
学术资源
综合资源平台
试用数据库
读秀学术搜索
【点击进入】
百链外文学术搜索
百链
【点击进入】
万方数据知识服务平台
万方数据
知识服务平台
【点击进入】
自建数据库
自建数据库
【点击进入】
辽宁省图书馆馆藏
民国图书数据库
馆内访问 【点击进入】
VIPEXAM
考试学习资源数据库
【点击进入】
中国国家图书馆特色资源
（全库检索）
馆内访问
【点击进入】
大成故纸堆
馆内访问
【点击进入】

廣東省立中山圖書館
Sun Yat-Sen Library of Guangdong Province
首页
图书
期刊
报纸
古籍
地方文献
外文书刊
视听资料
缩微
当前位置：首页 > 缩微
图书缩微资源概况
广东省立中山图书馆作为全国图书馆文献缩微复制中心成员馆之一，在缩微中心的统筹协调下，从1986年开始，近20多年来，利用缩微技术抢救、保护了大批珍贵文献。在这些文献中，主要有古籍善本937种、约46万拍；民国时期的期刊968种、约85万拍；解放前报纸490种、约60万拍；民国时期图书1094种、约8万拍；以及新中国成立后的报纸12种、约26万拍；并根据本馆资源特色及读者阅读需求，每年购买古籍等文献缩微胶卷，补充馆藏。从1999年开始利用美能达MS3000扫描仪进行缩微文献数字化转换工作，是全国省级公共图书馆中第一个购买缩微胶片扫描仪的图书馆。现已完成2400种，约210多万拍缩微胶片的数字化扫描工作，包括古籍善本937种、约46万拍；民国时期的期刊968种、约85万拍；解放前报纸490种、约60万拍；新中国成立后的报纸5种、20万拍。目前，正在进行首期100万拍缩微文献全文数据库的建设工作，以向广大读者提供更好的服务。
图书馆缩微资源
更多资源
馆藏缩微文献目录检索
缩微文献
检索广东省立中山图书馆缩微文献资料，查看馆藏情况，包括报纸（缩微）资料库、期刊（缩微）资料库、古籍（缩微）资料库等。
缩微文献全文数据库
首批提供广东省立中山图书馆馆藏缩微古籍、期刊、报纸文献约100万拍全文的检索、浏览及在线阅读。
目录检索
ZSLIB OPAC SYSTEM
目录检索
ZSLIB OPAC SYSTEM
读者服务
服务地点：C区三楼
开放时间：周一至周五 8：30~12：00，14：00~17：30。
服务范围：为读者提供缩微文献阅览、打印，以及文献缩微拍摄、缩微胶片扫描、彩色书刊扫描等加工服务。
服务电话：020-83879725。
CopyRight © 2011 广东省立中山图书馆 制作维护：网络资源部
地址：广东省广州市文明路213号 邮政编码：510110（建议分辨率1024*768以上）
Email to: wlb#zslib.com.cn（请用@代替#）粤ICP备020395

1. 辽宁省图书馆民国图书数据库
2. 广东省立中山图书缩微文献数据库
3. 天津图书馆缩微文献影像数据库

扩大影响　拓展合作

全国图书馆文献缩微复制中心将通过多种途径宣传文献缩微工作的社会价值，展示文献缩微工作抢救成果，扩大社会影响力和业界参与度。突破传统缩微合作模式的局限，积极探索新的合作方式，丰富合作途径，扩展合作范围，把文献缩微工作从业界小众化行为，拓展到大众化事业。

1	3
2	

1. 2013年缩微工作研讨会

2. 2014年，全国图书馆文献缩微复制中心主任李晓明（左1）出席国家档案局活动

3. 2014年中国图书馆学会年会“数字与缩微——文献影像事业的可持续发展”分会场

着眼未来　培养人才

中国缩微事业的发展，人才是关键。面对新技术、新理念的引入，缩微中心通过举办专项技术培训、开展国际交流等方式，培养综合性的缩微技术人才。

继续举办各级各类培训

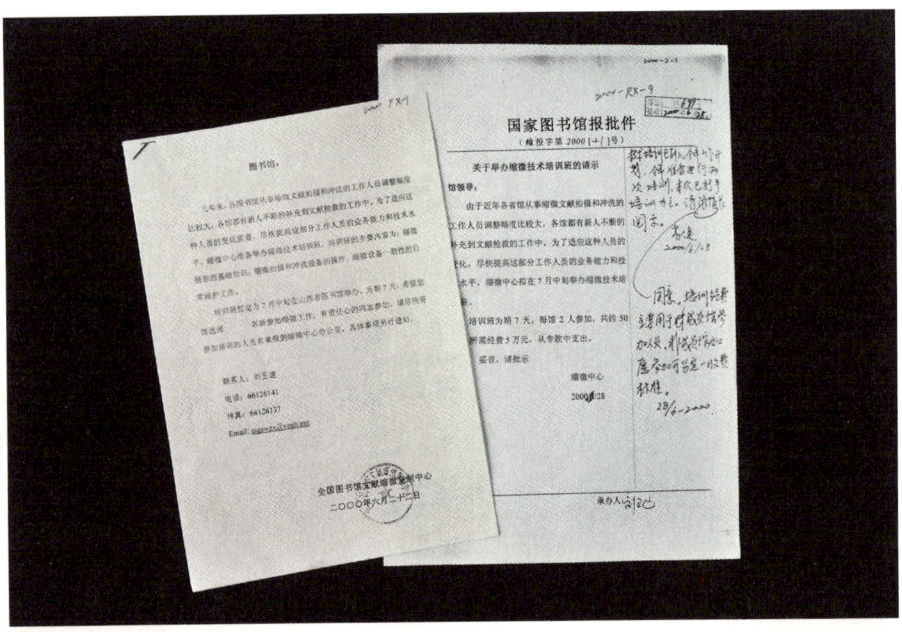

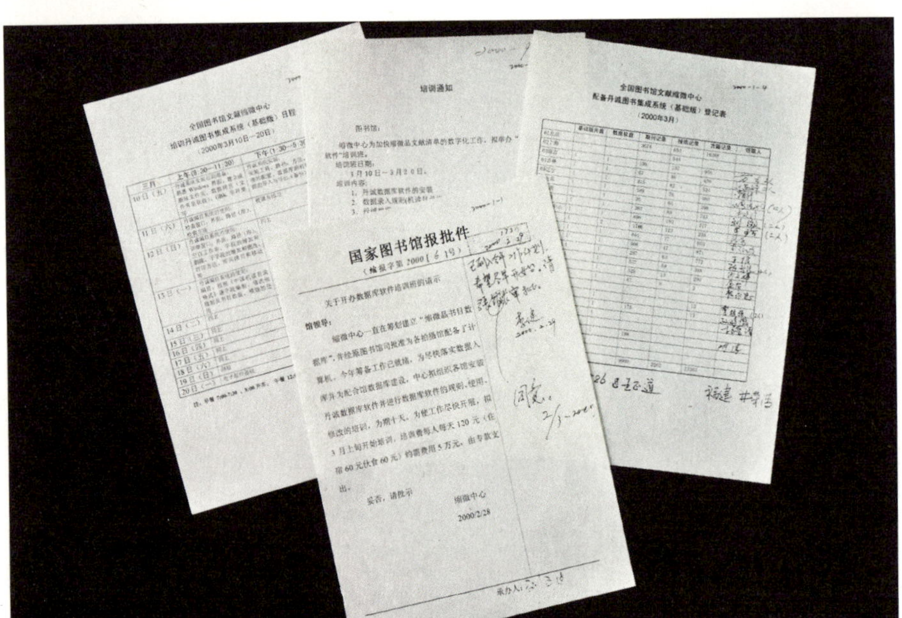

1 | 3 | 2

1. 开办培训班的报批件、通知
2. 2000年数据库应用软件培训班报批件
3. 2009年全国图书馆缩微技术培训班结业仪式

2010年全国公共图书馆缩微技术培训班

开展国际与海峡两岸同行间的学习交流

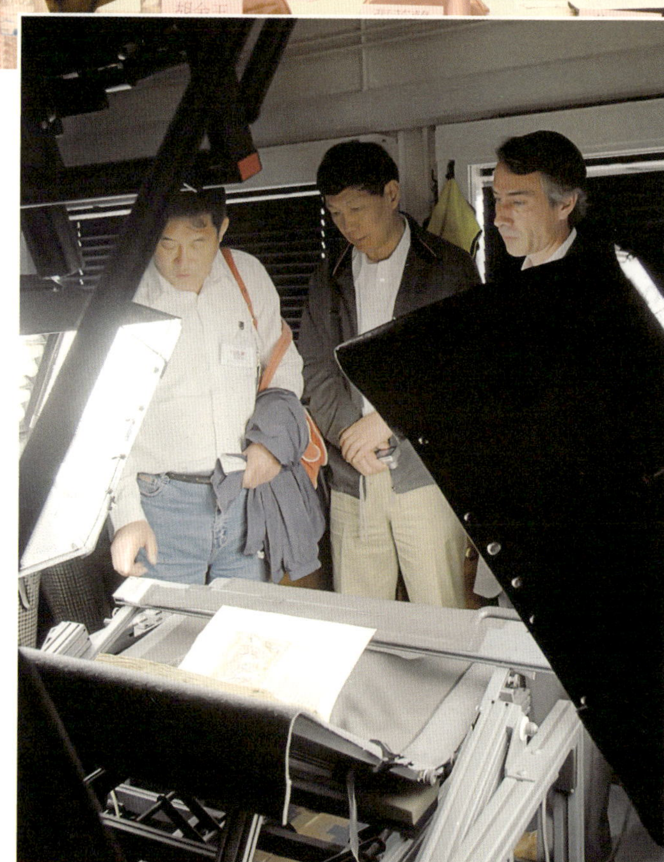

1 | 3

2 | 4

1. 培训成员馆老师操作拍照机

2. 2010年全国公共图书馆缩微技术培训班

3. 2012年，国家图书馆副馆长魏大威（前排右4）出席海峡两岸档案暨缩微学术交流会

4. 2007年，时任全国图书馆文献缩微复制中心主任李健（中）访问法国国家图书馆，与国际同行进行技术交流

1	3
2	4

1. 2012年，德国柏林国家图书馆东亚部主任（右）到缩微中心考察访问

2. 2013年，时任全国图书馆文献缩微复制中心主任曹宁（右）在奥地利参加ISO年会

3. 2013年，时任全国图书馆文献缩微复制中心主任助理王浩（右2）赴德国技术交流

4. 2014年，全国图书馆文献缩微复制中心副主任张阳（左1）在南非参加ISO年会

OP500

机制创新　共建共享

全国图书馆文献缩微复制中心将继续发挥业界引领作用，形成统一部署、分工合作、共同使用、互惠互利的运行机制，促进各图书馆的缩微文献资源共建共享，实现社会效益的最大化。

开展全国图书馆数字缩微建设工作

为推动缩微事业的进一步发展，推进缩微技术与数字技术的全面融合，推广数字缩微技术在文献保存保护与服务领域的应用，更好地发挥数字缩微技术在传承中华文化中的作用，自2014年起，全国图书馆文献缩微复制中心在全国公共图书馆内，每年选3—5家图书馆开展数字缩微建设工作。

建设内容：

★成员馆可独立完成数字—胶片转换工作，产品符合相应国家标准和行业标准，具备稳定、安全的缩微胶片存储条件，产量不低于5万拍/年/馆。

★成员馆可独立完成胶片—数字转换工作，产品符合相应国家标准和行业标准，具备稳定、安全的缩微胶片及数字资源存储条件，产量不低于5万拍/年/馆。

★成员馆建立完善的员工培训和绩效考核制度，每年组织不少于一次面向本区域的数字缩微专题培训，并开展对专职人员的上岗资格培训。

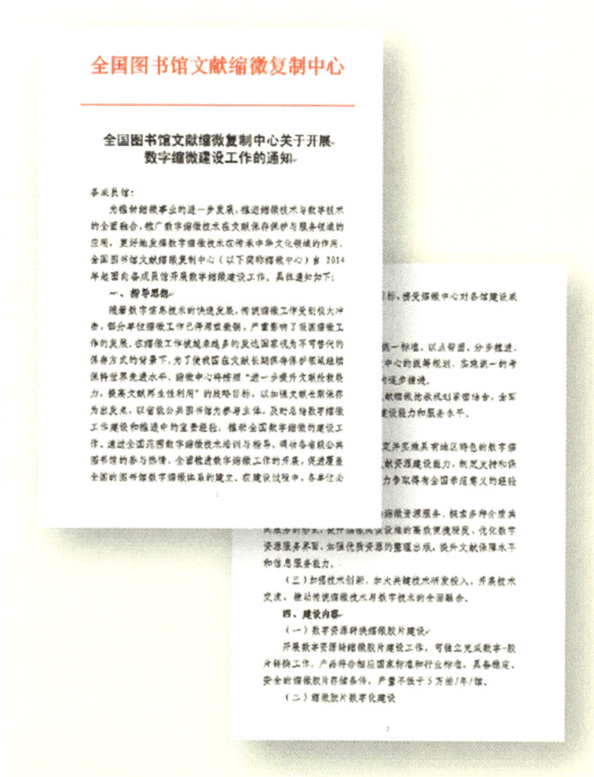

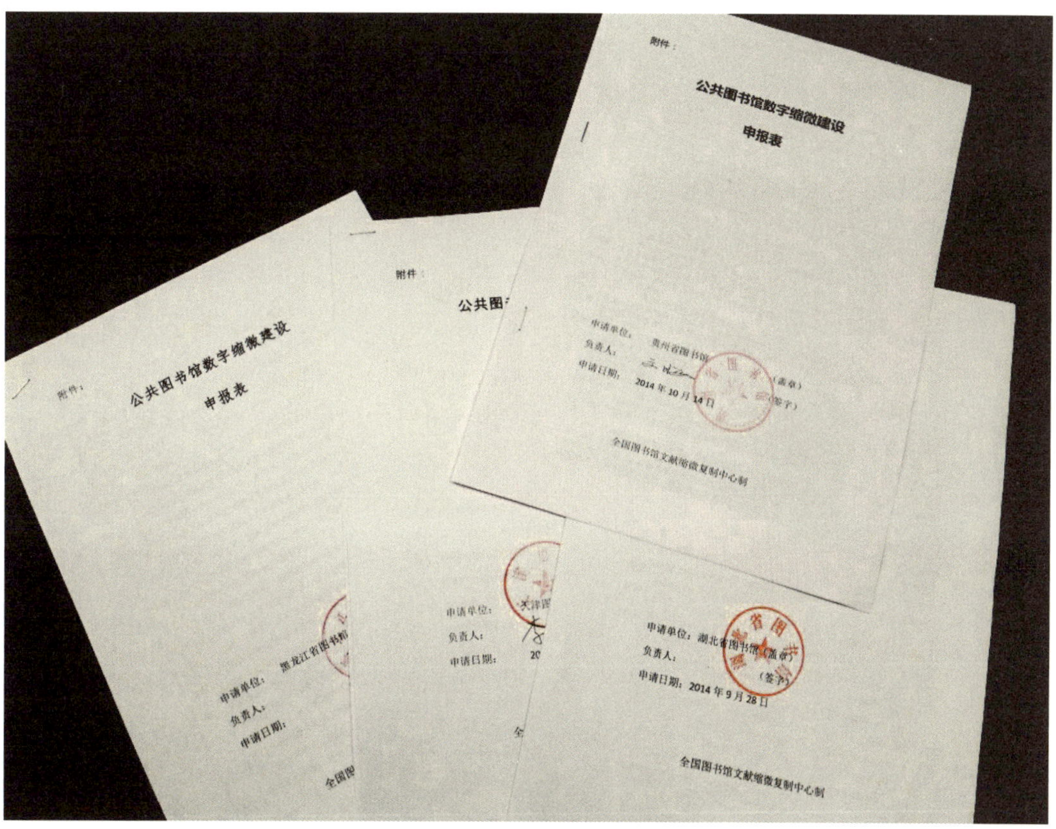

1

2

1. 全国图书馆文献缩微复制中心关于开展数字缩微建设工作的通知

2. 各成员馆数字缩微建设申请表

扩大文献抢救规模

普通古籍

据统计，我国仅省级公共图书馆馆藏普通古籍总量已达两百多万卷（册），从版本上看，这些文献包括明中晚期、清代、民国的刻本、活字本、石印本、影印本、抄本等，以清代和民国版本为主，其中不少是名人学者或著名藏书家用书，还有部分珍贵的名家批校题跋本，亟待抢救。

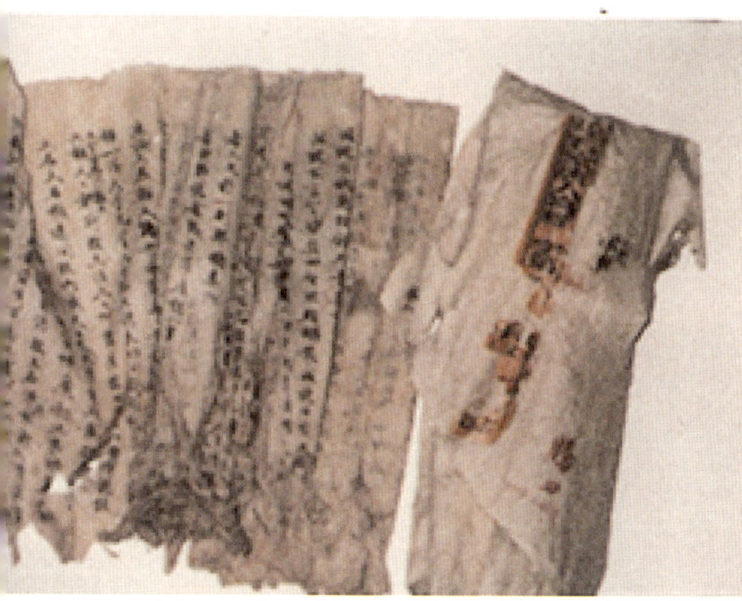

普通古籍破损情况

新善本

辛亥革命前后的进步书刊、马列经典著作的早期译本、中国共产党成立前后的重要文献、抗日根据地和解放区出版物等，珍贵异常，抢救价值很高。

新善本破损情况

諾爾曼·白求恩
紀念冊

共産党宣言
MANIFEST
DER
KOMMUNISTISCHEN PARTEI
1938

建国初期中文图书

建国后到“文革”前出版的中文图书是我国社会变革的重要载体，记录着我国建国初期政治、经济、科技、文化等行业发展的足迹。由于多数馆藏单位对保存环境重视不足，加之该年代图书本身纸张的质量问题，大量建国初期图书也存在发黄发脆甚至变脆掉渣的问题，亟待抢救。

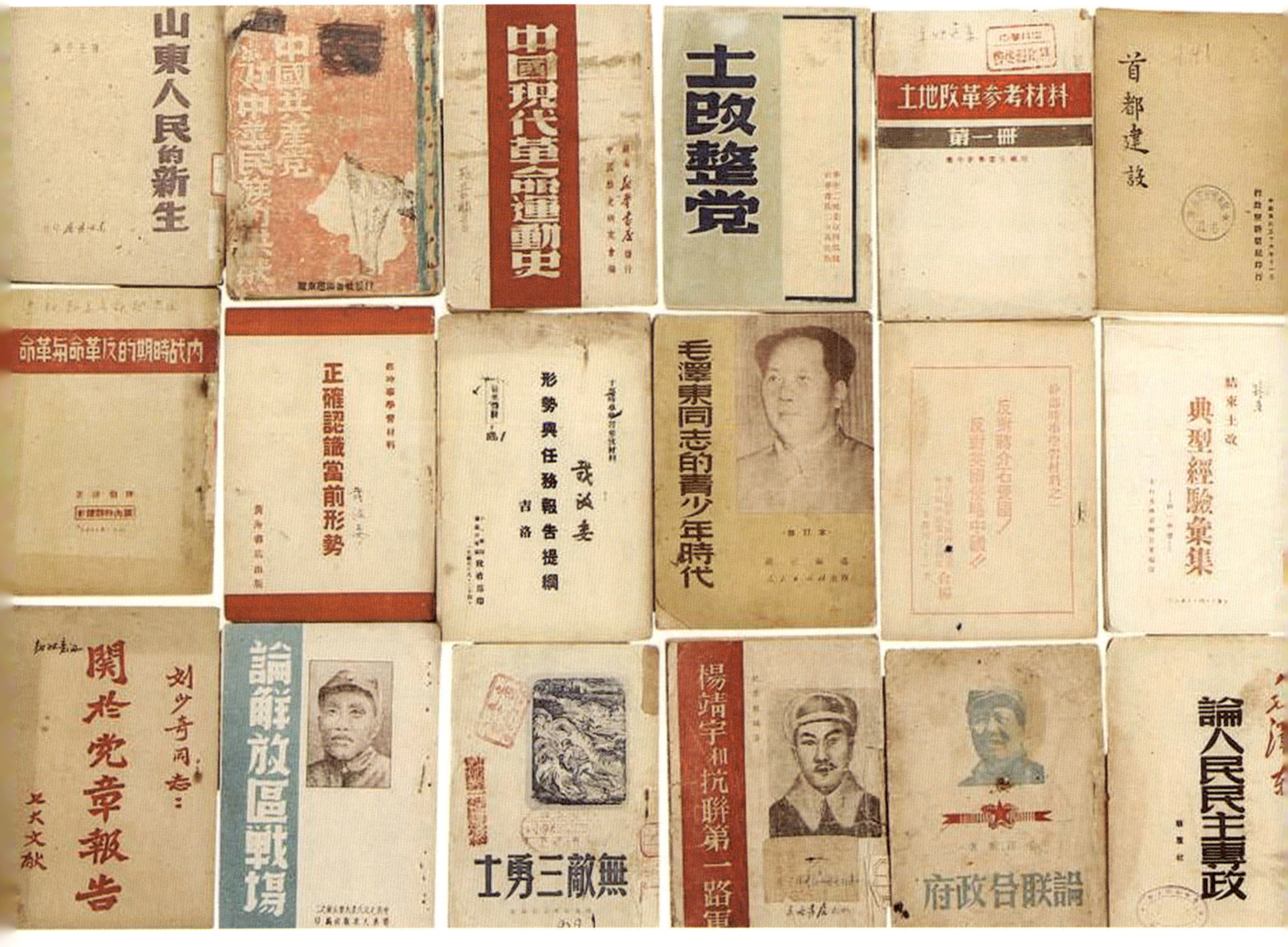

有待翻拍的建国初期文献

建立全国图书馆缩微文献联合目录

为全面揭示我国各图书馆建设的缩微文献资源，搭建全国图书馆缩微文献资源统一揭示、服务与开发平台，缩微中心出版了《全国公共图书馆缩微文献联合目录》。《目录》根据缩微品文献特点选题，分为“民国篇”和“古籍篇”两部分。“民国篇”收录了2013年6月底之前拍摄的民国时期文献，包括报纸2172种、期刊14304种、民国时期图书85594种；“古籍篇”收录了善本古籍和普通古籍共30411种。

全国公共图书馆缩微文献联合目录

研制、推广数字缩微相关标准与规范

缩微中心将全力推进缩微胶片数字化与数字资源缩微品存档相关技术标准的研制与宣传推广，建立完备的“模转数”与“数转模”技术标准体系；逐步探索和完善图书馆优质信息资源异质转换、利用与保存工作的合作机制，进一步规范工作流程，统一工作标准，建立相关管理规范体系。力争到2015年，数字缩微标准化配套完成。

缩微中心研究数字缩微标准规范

中华文化积淀着中华民族最深沉的精神追求，包含着中华民族最根本的精神基因，代表着中华民族独特的精神标识，是我们民族生生不息、发展壮大的丰厚滋养。这种文化的载体就是典籍。这些典籍能够传承至今、泽及后人，很大程度上得益于图书馆工作者在文献典籍保护、开发领域所做的大量艰苦细致的工作。国家图书馆将继续发挥行业的引领和示范作用，以文献缩微保护为基础，带动全国各级各类图书馆，整合资源，形成合力，通过实施一系列重大文化工程项目，保护和传承濒危的传统文化典籍，充分挖掘典籍中的智慧，提供多样化服务，使优秀的传统文化为整个社会所共享。

国家图书馆馆长 韩永进